BONNES BIÈRES
ARTISANALES
BIENVENUE
CAFÉ VÉLO
EST
1980
CAFES-VELOS
BICYCLES
RÉPARATION VÉLOS
DEPUIS
1980
CAFÉ-BAR
Champ.
1

LES MEILLEURES ADRESSES

# GUIDE DES CAFÉS-VÉLOS

YVES BLANC

LES MEILLEURES ADRESSES

# GUIDE DES CAFÉS-VÉLOS

LE CYCLE
LE MAGAZINE N°1 DES PRATIQUANTS
Casa éditions

Direction artistique :
**Martin Laignel**

Maquette :
**Caroline Laleta Ballini**


ISBN : 978-2-38058-255-0
Dépôt légal : octobre 2022

# Sommaire

AGENCY FOR
Premier
BICYCLES
The World's Standard
VEDETT
EDDY MERCKX
Le bicycle collection

# Introduction

## CAFÉ-CYCLISTES : LE VÉLO COMME ART DE VIVRE

Le développement exponentiel de la pratique du cyclisme associé à l'essor du vélo urbain ont largement contribué à redorer ces dernières années l'image de la bicyclette. Aujourd'hui ce moyen de locomotion apparu au 19e siècle est en train de regagner au cœur des villes une partie de l'espace octroyé aux automobiles. Bénéfique pour notre propre santé et celle de la planète, la bicyclette véhicule de nombreuses valeurs positives. Dans une société constamment en excès de vitesse, elle incarne aussi la simplicité, l'autonomie, la liberté, la slow life. Autant de valeurs qui ont redonné une place de choix à cet objet au sein de notre société, au point qu'aujourd'hui certains n'hésitent pas à qualifier ce phénomène de vélorution.
Accélérée par l'urgence climatique, la crise sanitaire, et la hausse du prix des carburants, la pratique du vélo se positionne désormais comme l'une des solutions les plus efficaces pour améliorer notre vie au quotidien. Vantée pour son aspect pratique, elle a aussi pour une catégorie d'utilisateurs une valeur symbolique. Expression d'un certain savoir-faire, elle peut être objet de collection comme de décoration allant jusqu'à titiller la créativité des plus grands designers. C'est cette popularité retrouvée qui a redonné à la bicyclette ses lettres de noblesse et dans son élan entraîné un nouvel art de vivre.

## GALERIE, MUSÉE, BROCANTE

L'apparition des cafés-cyclistes ou cafés-vélos ou Bike Café depuis une dizaine d'années en France symbolise ce nouvel art de vivre autour de la bicyclette. Crées par des passionnés, ce sont des lieux de restauration à tous les sens du terme, mais également des points de rencontre, d'échange, de découverte, avec pour valeur commune partage et convivialité. À contre-courant des grandes surfaces spécialisées, et de leurs froids linéaires, ces endroits offrent une approche plus humaine, plus chaleureuse et plus généreuse. Dans ces cafés, bars, ateliers, boutiques qui ont pour la plupart pignon sur rue, on vous propose de patienter autour d'un petit noir, d'une bière voire d'un bon plat pendant que l'on bichonne votre monture. Favorisant le lien social, dans des régions où les bistros ont mis la clé sous la porte depuis belle lurette, les cafés-cyclistes ne se contentent pas de rassembler, animer et rendre des services à la communauté cycliste, ils agissent aussi en véritable acteur de la vie locale en attirant une clientèle non pratiquante mais susceptible d'être convertie…

## FORMATION DE BARISTA

Pour piloter de telles enseignes, peu de place est laissée à l'improvisation. Animés par une passion sans bornes pour la petite reine et par une âme d'aventurier, ces gérants capables de régler la hauteur d'une béquille et de satisfaire vos papilles font preuve d'une grande polyvalence. Cumulant parfois des formations de technicien cycles, vendeur, guide accompagnateur, barista, brasseur et pâtissier, ils ne comptent pas leurs heures pour rendre votre visite des plus agréables. Quant à la décoration des lieux, chacun à leur manière, ils mettent en scène la légende du vélo, son histoire, ses champions, ses parcours mythiques. Ainsi, si chez certains on est très proche de la galerie d'art avec de superbes expositions de clichés magnifiant le cycliste et son environnement, chez d'autres nous sommes plus proches du musée ou de la brocante. Des affiches d'époque, des vieux maillots en laine encadrés au mur, des vélos des forçats de la route conservés dans leur jus sont là pour rappeler des souvenirs aux plus nostalgiques et alimenter les conversations. Situés sur de grands axes de passage cyclistes, les cafés-vélos prennent facilement le relais des agences de tourisme locales, se transformant même parfois en véritables ambassades du vélo. Et puis en cas de pépins, nul ne vous laissera en rade au bord de la route. La solidarité entre cyclistes, ils connaissent! La pompe à pieds n'est-elle pas l'accessoire le plus proche de la porte d'entrée? En boutique, malgré un choix parfois limité, on se débrouillera toujours pour vous dépanner, mais en termes de produits, vous y découvrirez des marques un peu plus confidentielles qu'ailleurs et non dénuées d'intérêt pour autant. Autre point commun, le gravel et le voyage à vélo sont très présents en ces lieux et pour cause : leurs propriétaires en sont des adeptes. Quant au vélo urbain, il n'est pas en reste avec des rayons accessoires bien achalandés.

## UN TOUR DE FRANCE DES CAFÉS-VÉLOS

Comment donc ne pas avoir envie de refaire le monde du vélo dans un lieu aussi bavard qu'un café-cycliste? Devant une tasse de café torréfié ou une bière fraîche, nul doute que vous vous laisserez aspirer par une discussion de comptoir. Tantôt refuge, tantôt repaire, tantôt camp de base, tantôt rendez-vous gastronomique, le café-vélo est multicasquettes. C'est ce brassage de différents types de pratiquants et de non pratiquants qui en fait sa richesse, comme dans les pays anglo-saxons où serait né le concept. D'ailleurs, la référence en la matière n'est-elle pas le Bike Café londonien « Look Mum no Hands » (trad : regarde maman sans les mains). Situé sur Old Street, cet atelier, bar, restaurant est devenu un véritable lieu culte pour les cyclistes du monde entier. Un endroit dont un bon nombre de cafés-vélos qui figurent dans ce guide se sont inspirés. Si l'on remonte un peu plus dans le temps, la Maison des Cyclistes inaugurée en 1994 à Montréal avait déjà des allures de café-vélo. Siège de Vélo Québec et de nos confrères de vélo mag, cette ambassade du vélo respirait la convivialité.
En France, l'ancêtre des cafés-vélos fut la Bicycletterie à Lyon qui ouvrit ses portes en 2014, le plus ancien aujourd'hui en activité étant le Café Vélo de Grenoble. Ces dix dernières années, on vit éclore au fil du temps de nombreuses enseignes aux quatre coins de l'Hexagone. Malheureusement les vagues successives de la crise sanitaire ont enseveli les plus fragiles.

Ce premier ouvrage sur les cafés-vélos présente donc les meilleures adresses référencées sous cette appellation. Chaque établissement possède son propre caractère et chaque fiche descriptive résonne donc comme une invitation. Découvrir cet univers générera peut-être de nouvelles vocations… et si vous découvrez un café-vélo qui ne figure pas sur cette liste, n'hésitez pas à nous le mentionner. Pour les plus aventuriers d'entre vous, ce guide des cafés-vélos dessine un beau tour de France en 36 étapes, un tour qui ne demande in fine qu'à se rallonger au fil des ans.

# Les cafés-vélos en France

# CAFÉ VÉLO AGEN / PONT CANAL

207, rue du Duc d'Orléans
47000 AGEN

info@cafe-velo.net

05 53 96 15 51

## Le sanctuaire du vélo

Construit sur le site de l'ancienne usine de l'eau de la ville d'Agen, dans un esprit vintage industriel, le Café Vélo d'Agen conjugue esprit vélo et espace détente dans une ambiance conviviale. Le Café Vélo d'Agen a pour vocation d'encourager la pratique du vélo et d'en faire plus qu'un moyen de transport au quotidien, un mode de vie. Cyclotouristes, amateurs de vélo et curieux sont les bienvenus pour un moment de détente et d'échange autour d'un café.
Outre la promotion de l'usage du vélo pour tous, le Café Vélo se propose d'en assurer l'entretien via la boutique. Il dispose également d'un atelier, où révision et réparation sont assurées.

Samia et Pierre dirigent la manœuvre depuis 2017 entourés d'une équipe qui évolue et s'étoffe en fonction des saisons. Pierre dirige depuis 27 ans le magasin de cycles Le Comptoir du 2 Roues – Veloland à Agen et Samia, ancienne informaticienne, s'est lancée dans la cuisine pour compléter les compétences nécessaires à cette aventure. « Proche de chez nous et voyant le potentiel de cette ancienne usine pour laquelle la ville d'Agen cherchait un nouvel usage, nous avons proposé ce projet de café-vélo qui à l'époque (2011) était assez novateur. L'endroit étant situé à la croisée des berges de Garonne et de la voie verte du Canal des 2 mers, nous avons imaginé l'endroit comme un carrefour entre les différentes pratiques cyclables, entre ceux qui font du vélo et ceux qui n'en font pas, entre ceux qui voyagent et ceux qui voyageront un jour, entre ceux qui viennent boire un café et ceux qui en font leur étape du soir », précisent les fondateurs.

Le Café Vélo est aussi le siège d'associations qui partagent ses valeurs comme Vélocité en Agenais et l'association du Festival de musiques alternatives et curieuses La Socquette Légère.

CAFÉ VÉLO

# L'Ardoise contre la montre pour repartir de plus belle.

RÉPARATION VÉLOS CAFÉ-BAR

# INFOS PRATIQUES

Pierre Faisandier

www.cafe-velo.net

Du 10 mars au 30 juin 2022,
du mercredi au dimanche.
Du 1er juillet au 31 août 2022,
tous les jours.
Du 1er septembre au 6 novembre 2022,
du mercredi au dimanche.

Location et réparation vélo ouvert
de 9 h 30 à 12 h 30 et de 14 h 30 à 18 h 45
Café ouvert de 10 h à 22 h
Service restaurant de 12 h à 14 h
et de 19 h à 21 h

Café

Restauration

Hébergement collectif, 12 places
en 6 lits superposés dans un dortoir

Atelier vélos sur place

Vente de vélos Farhad Manufaktur

Vente d'accessoires

Produits locaux, goodies du Café Vélo,
objets en pieces de vélos recyclées

Parking vélos

Wifi Gratuit, lave-linge

Atelier de préparation au voyage à vélo,
atelier apprentissage de la mécanique
vélo, conference avec cyclo voyageurs
et projection de films de voyage à vélo,
festival musical de la Socquette Légère
en juin, animations musicales.

Organisation de sorties vélo en
partenariat avec Vélocité en Agenais
pour Mai à Vélo et Garonne en Fête.

Le Bon Wagon
CAFÉ CYCLISTE DUINGT

# LE BON WAGON
## ANNECY

107, rue du Près Bernard
74410 DUINGT

lebonwagon.henry@gmail.com

04.50.19.50.57

Le Bon Wagon
CAFÉ CYCLISTE DUINGT

### Une œuvre d'art !

Même ceux qui foncent tête dans le guidon ne peuvent pas ignorer cette magnifique fresque murale qui orne l'ancienne gare de Duingt transformée depuis mai 2021 en café-vélo. Réalisée par Jérome Favre, artiste peintre en bâtiment, cette imposante œuvre d'art qui jouxte l'ancienne ligne ferroviaire Annecy Alberville convertie en voie verte, évoque le vélo de la belle époque. Une locomotive 030 en station, un indicateur horaire Chaix des trains et Henri Pélissier vainqueur du Tour de France 1923 vous accueillent sur le crépit mural du Bon Wagon dans ce sublime décor de montagne. À l'initiative de ce beau projet trois associés, Damien, acteur de longue date dans le tourisme sportif, Dominique, issu du commerce du vélo et Guillaume, cycliste de haut niveau. C'est ce mélange d'expérience, d'expertise et de dynamisme qui fut l'élément fondateur du Bon Wagon. À l'intérieur, une boutique élégamment agencée avec de belles marques de vélos, dont un Whish One Gravel suspendu au mur. Vous trouverez aussi une belle ligne de vêtements Gobik et des idées de cadeaux originales. Ce haut lieu de passage est l'endroit idéal pour la pause ravito voire la pause déjeuner avec au menu un poke bowl, des pâtes, salades… préparées par Gabi, que vous pourrez savourer par beau temps sur la superbe terrasse. Excellent choix de café torréfié en Haute-Savoie par la maison le Panier café avec possibilité d'en emporter dans la musette. Le Bon Wagon c'est sur la rive ouest du lac un point d'accueil pour faire réparer ou louer des vélos, y compris VAE. Pour les aficionados de retransmissions de compétitions et pour les plus aguerris, des sorties conviviales sont organisées pour découvrir les environs du lac.

CAFÉ VÉLO

# Plus d'un million de cyclistes par an sur la voie verte du lac !

RÉPARATION VÉLOS
CAFÉ-BAR

# INFOS PRATIQUES

www.lebonwagon.fr

Ouvert depuis mai 2021

10 h à 19 h

Chambéry Café : Le Panier à Café, torréfacteur local à Annecy, sélection de cafés de spécialités

Des pâtisseries réalisées par Bocalocal, jeune entreprise local qui livre ses pâtisseries en vélo-cargo. Tout le reste des plats est élaboré par le chef Gabi (pokebowl, tartines, pâtes, salades, etc.)

Atelier ouvert tous les jours pour tous types de mécanique : véritable magasin avec tout le matériel et l'équipement nécessaire à tous cyclistes.

Vente de vélos de marque BMC, Bianchi, Wishone, Thompson, Granville...

Vente d'accessoires type textiles GOBIK, casques KASK, équipements LEZYN et SUPACAZ, chambres à air, pneus, barres énergétiques Baouw et Meltonic...

Produits maison : maillot vélo, casquette cycliste, tasse expresso, t-shirt et sweat du magasin

Parking vélos avec borne de recharge VAE

Parking gratuit, Location VAE et vélo classique Animation

Organisation d'ateliers mécaniques, des concerts durant l'été, de séances de yoga, des socials ride le dimanche matin et en soirée durant l'été. Des sorties en partenariat avec Haute-Route, Inferno Bcyclet, Whishone et Velosophe, afin de faire découvrir leurs courses et produits autour d'une sortie vélo et d'un café d'avant sortie.

Parcours : le tour du lac de fin de journée en partant de Duingt par la route panoramique (Route de Saint-Eustache au-dessus de Saint-Jorioz) et par le col de Bluffy. Des vues plongeantes sur le lac à couper le souffle, on ne s'en lasse pas !

BAAM!

# CAMP DE BASE
# BÉDOIN

192, Route du Mont Ventoux
84410 Bédoin

campdebaseventoux@gmail.com

04.88.84.58.55

CAMP DE BASE
— VENTOUX —

## Au pied du géant

La route qui mène au sommet du géant de Provence au départ de Bédoin est l'une des voies cyclistes les plus mythiques de France. Lieu de pèlerinage et de défi pour les pédaleurs du monde entier, cette montée de légende méritait un endroit convivial pour faire le plein d'énergie avant l'effort ultime ou pour célébrer l'exploit d'avoir vaincu le diable. Voilà donc qu'en mai 2021, l'ancien gérant de Culture Vélo Marseille Stéphane Pochat décide d'ouvrir Camp de Base Ventoux a à peine 100 mètres du kilomètre 0 de l'ascension. Ce Bourguignon d'origine est tombé amoureux du Vaucluse et du Ventoux d'où son immense plaisir de vous recevoir et vous faire découvrir les routes et chemins qui permettent de gravir le mythe provençal. Gérant, guide, mécanicien, organisateur, loueur de vélos, Stéphane Pochat a retrouvé au travers de ses nouvelles activités ce contact humain qui lui manquait tant auparavant. Dans ce nouveau lieu qu'il a conçu comme un espace de détente, de partage, d'échange et de convivialité, vous pourrez faire régler ou réparer votre vélo à l'atelier, louer un vélo gravel ou électrique pour explorer de magnifiques parcours entre vignes et lavandes, déguster la bière locale Ventopp élaborée au pied des gorges de la Nesque, ou déguster les différents aromes de café de la marque Fastclub. Au Camp de Base Ventoux on privilégie donc le local et les produits français à l'instar de la gamme de textiles Ozio ou le Petit Vélo disponible en rayons de la boutique. Pour les marques de vélo en location, même préférence pour les produits tricolores. À la vente, on trouve des vélos gravel Stajvelo mais aussi Dilecta ou Lapierre. Côté restauration, certaines journées le camp de base a la visite d'un foodtruck. On vous recommande le menu à base de produits locaux et bio de Little Kitchen. Enfin côté organisation, Stéphane a lancé en juin dernier le défi des cinglés du gravel dans le Ventoux, dont l'objectif était de monter un maximum de fois le Géant de Provence en gravel.

CAFÉ VÉLO

# Camp de base des cinglés du gravel du Ventoux

RÉPARATION VÉLOS
CAFÉ-BAR

## INFOS PRATIQUES

Stéphane Pochat

www.campdebaseventoux.com

Ouvert depuis mai 2021

Du lundi au dimanche
8 h à 13 h et 14 h à 18 h

Cafés

Restauration, 3 jours sur 7

Spécialités locales : barres de céréales faites par un boulanger local.

Assistance matérielle

Atelier vélos

Vente de vélos de marque Stajvelo, Lapierre…

Vente d'accessoires

Produits Baan en Diet

Parking vélos à disposition

Télévision avec retransmission de courses vélo

Soirée musicale Happy Hours tous les mercredis, sorties STRAVA

Le tour du Ventoux en vélo route et gravel

CIRCUITS ACCOMPAGNÉS
CAFÉS ET THÉS DE SPÉCIALITÉ
SNACKING ET PÂTISSERIES
FAITS MAISON
JUS DE FRUITS ET SMOOTHIES
67
VELO
HORAIRES

# VELOFF BIARRITZ

16, rue des mésanges
64200 BIARRITZ

veloff.cafe@gmail.com

05.54.61.87.37

## La pause cyclo-gourmande

Les aventuriers du deux roues de la Velodyssée qui relie Roscoff à Irún y trouvent parfois refuge avant de toucher au but, les cyclistes locaux viennent y dénicher la dernière veste Rapha ou faire régler leur dérailleur. Nous voilà à Biarritz au cœur du village Iraty chez Veloff. Sur cette côte basque qui vit au rythme des vagues, vous trouverez derrière cette enseigne un endroit authentique et chaleureux qui attisera votre curiosité. C'est en plein confinement, l'été 2020, qu'Adèle et Sébastien ont repris le local d'un ancien réparateur et loueur de vélos. Ces deux sportifs épicuriens ont su combiner leurs parcours, leur passion et leurs talents pour se lancer dans l'aventure du café-vélo. Sébastien, pâtissier de reconversion et barista et Adèle, accompagnatrice de randonnées cyclistes et pédestres en reconversion également ont chacun leur espace dédié. Au rez-de-chaussée Sébastien est aux fourneaux. Dans cet espace restauration, lumineux et décoré avec goût, il prépare et propose au quotidien et à tout moment de la journée des snacks et pâtisseries. Quand elle ne lui prête pas main forte au Coffee shop, Adèle restaure dans son atelier à l'étage les bicyclettes des clients. Mais chez Veloff vous pouvez aussi trouver accessoires et bagagerie et louer des vélos en carbone Parlee. Guide accompagnateur diplômée, Adèle vous conseille, et vous fait découvrir les routes secrètes du Pays basque. Dès le printemps, des sorties longues à la journée par groupe de niveau avec pour objectif des visites et dégustations seront mises en place. Alors, plus qu'un coffee-shop, ce nouvel espace de vie, ouvert aux télétravailleurs, propose une offre de snacking gourmet, des cafés et thés de spécialité, des pâtisseries fraîches et de saison qui séduiront bien au-delà de la gent cycliste.

CAFÉ VÉLO

# Snacking gourmet à la pause ravito

RÉPARATION VÉLOS
CAFÉ-BAR

# INFOS PRATIQUES

Adèle et Sébastien

www.facebook.com/veloffcafe

Ouvert depuis juillet 2020

Du lundi au vendredi 8 h à 17 h,
le samedi 9 h à 17 h le dimanche sur rdv

Cafés

Restauration

Spécialités locales (bière, café, plats, pâtisserie, recettes maison…)
Des spécialités locales proposées

Assistance matérielle

Un technicien cycle présent deux jours par semaine s'occupe de tous types de réparations sur tous types de vélos

Vente d'accessoires textile (Rapha, Deus ex Machina), bagagerie (Apidura, Pro), etc.

Des produits maison tels que du granola maison, de la pâte à tartiner…

Parking vélos à disposition

Location de vélos de route carbone (Parlee)

Week-ends vélo à thème, rencontre avec des personnalités diverses, écrivains, cyclistes expérimentés, etc., préparation de course. Les sorties se font généralement le week-end, avec un parcours déterminé à l'avance. Au printemps, des sorties à la journée par niveau avec un accompagnateur, un objectif (dégustation, visite, etc.) et retour en transport.

Parcours vélo : de la Rhune (montagne locale) et un passage en Espagne.

KEPLER
BROTH
MUSETTE

# MUSETTE BICYCLES & COFFEE

BORDEAUX

72, cours de la somme
33800 BORDEAUX

musettebikecafe@gmail.com

09.83.59.85.26

## Le rendez-vous saveurs

En poussant la porte de ce sympathique café-vélo bordelais, les inconditionnels de l'histoire du vélo auront matière à converser à l'approche du comptoir sur lequel trône une superbe machine à café Faema E61. Cette référence, ce véritable collector, réveille les exploits de la légendaire équipe éponyme et de son leader Eddy Merckx. Autant vous dire que chez Musette, le café c'est du sacré. C'est d'ailleurs à vélo que l'on va s'approvisionner chez La Pelle, Alchimiste, Oven Heaven et Phia, des torréfacteurs artisanaux locaux. Et tous les mois on propose des saveurs différentes accompagnées de gâteaux et biscuits 100 % bio et sans gluten. C'est à deux Anglo-saxons que l'on doit cette enseigne et ce concept, Robert Lawrence et Christopher Cooley. Dans cette boutique meublée avec des objets de récup, le ton est donné. Ce lieu de rencontre et d'échange de la communauté cycliste bordelaise est une sorte d'ambassade du vélo à quelques coups de pédale de la gare Saint-Jean. Ici on vante les mérites de la petite reine, on conseille, on dépanne et on vend des vélos. Vous pourrez donc aussi bien repartir avec un Génésis Croix de Fer, qu'un Surly en montage à la carte ou au guidon d'une randonneuse. Car outre la défense et la promotion de la pratique urbaine, Musette fait aussi la part belle au voyage à vélo avec la Rando Mollo véritable initiation au bike packing nocturne. Au registre bien fourni des animations, soirées cinéma, expos et le célèbre « vélo apéro ». Et puis n'oubliez pas la petite cour intérieure, espace confiné, cosy, idéal pour savourer une bière locale, plongé dans l'un des nombreux ouvrages relatant les exploits d'un champion français. Cette musette est décidément bien pleine… de bonnes choses.

# Qualité, durabilité, polyvalence et intemporalité

## INFOS PRATIQUES

Robert Lawrence
et Christopher Cooley

www.musettebordeaux.com

Ouvert depuis octobre 2017

Du mardi au vendredi de 9 h à 18 h
Le samedi de 10 h à 18 h

Cafés des cafés torréfiés à Bordeaux

Cookies, gâteaux et snacking

Des bières brassées à Bordeaux

Vente de vélos Genesis, Brother Cycles, Ridgeback, BAAM, Bullitt, Omnium, Surly, Pelago, All-City, Niner…

Atelier : réparation de vélos par des mécaniciens professionnels.

Vente d'accessoires de toutes sortes

Jardin à disposition

Parking vélos devant l'établissement

Organisation de sorties et de soirées diverses, Rando Mollo et Brother in the Wild Bordeaux.

Parcours vélo : les pistes de gravier au sud de Bordeaux.

RALEIGH

# LES GRIGNOTTES RALEIGH

BREST

280, rue Alain Colas
29200 BREST

contact@raleigh-france.fr

09.54.47.55.23

## Les pionniers du Coffee Bike Shop

Après onze années de pérégrinations sous les couleurs de différentes équipes pros, le coureur breton Éric Berthou est venu jeter l'ancre dans le port de sa ville natale. Pour rester dans l'univers du vélo, il a ouvert en mai 2014 avec sa compagne Virginie un magasin de cycles au beau milieu d'enseignes nautiques dans la zone portuaire de plaisance de Brest. À l'origine, cet espace de 600 m$^2$ était destiné à accueillir les vélos de la marque anglaise Raleigh, marque légendaire qu'il utilisa lors de sa dernière année de carrière pro. Mais comme l'indique l'enseigne, cette boutique a aussi vocation à restaurer la clientèle cycliste d'où l'idée de Coffee Bike Raleigh avec Zone Ravito pour reprendre une expression du peloton. Inspiré par les coffee and bike anglais, l'ancien globe-trotter et son épouse Virginie ont crée une dynamique autour de cette boutique. Depuis le début de l'année, le restaurant les Grignotes tenu par Laure et Magalie a remplacé le food-truck. On y sert le midi des plats maison, la spécialité du chef étant les wraps salés ou sucrés à base de crêpes bien entendu ! Derrière la verrière, déco industrielle, fauteuils club, poêle, vieil établi, tables basses avec de la lecture, de vieux vélos Raleigh rendent l'espace plus cosy. Dans le showroom, vous avez un bel aperçu de la marque Raleigh qu'Éric a réintroduit en France il y a 7 ans. On sent la touche féminine de Virginie derrière la mise en valeur élégante et raffinée des produits. Pour ceux qui veulent se dégourdir les jambes et découvrir la côte, l'ancien directeur sportif de l'équipe Raleigh a ouvert un service de location-vente « la fille de la Côte » en bord de mer à la baie de Kerurus à Plounéour Brignogan-plages.

# Les gens découvrent le vélo grâce au resto

# INFOS PRATIQUES

Éric Berthou et
Virginie Segalen

www.musettebordeaux.com

Ouvert depuis mai 2014

Du mardi au samedi de 10 h à 19 h
sans interruption

Cafés

Restauration sur place

Spécialités locales et régionales : roulés de crêpes, chips de blé noir…

Vente de vélos Raleigh

Location de vélos

Atelier de réparation et dépannage

Vente d'accessoires

Parking vélos

Télévision avec retransmission de courses vélo

Organisation de conférences, Tro Bro Vintage, sorties vélo en nocturne, sorties vélo le dimanche matin au départ du magasin, équipe de vélo du magasin, en FSGT « ty Raleigh ».

Le parcours de vélo :
Les ribins du Tro Bro Leon

Latte LIÉ VÉLO
Latte LIÉ VÉLO
Pause gourmande
Entretien et Réparation

# LATTE LIÉ VÉLO
## CHARENTON-LE-PONT

28, rue de Paris
94220 CHARENTON-LE-PONT

lattelievelo94@gmail.com

09.53.55.75.40

Latte Lié Vélo
CHARENTON-LE-PONT
ATELIER - CAFÉ

## Le tandem de la Marne

Pause gourmande, entretien et réparation, peut-on lire sur la devanture de ce sympathique café-vélo blotti au cœur d'une accueillante rue semi-piétonne de Charenton-le-Pont. À une centaine de mètres des bords de Marne et du bois de Vincennes, Latte Lié Vélo a pris le relais d'un salon de coiffure. D'abord sous forme d'atelier réparation tournant à plein régime en pleine vague Covid pour dépanner les usagers de la bicyclette du quartier, les propriétaires ont fin 2021 apporté une touche de convivialité en créant une partie petite restauration. À l'origine de ce projet, Franck et Xavier, deux passionnés de vélo qui ont associé leurs expériences et compétences pour mener à bien leur reconversion. Ces deux cousins ont délaissé leur poste de manager dans la grande distribution professionnelle et de cuisinier pour cette nouvelle aventure plus altruiste et plus proche de leur passion. Une idée qui a germé lors de leurs sorties à vélo… Dans cet espace de 64 m$^2$ tout en longueur, l'accueil est des plus chaleureux avec une mini terrasse sur rue invitant à découvrir la partie restauration où d'un côté est assuré le service et de l'autre mis en avant les accessoires. Dans la continuité, on découvre les vélos, l'atelier et l'appareil de mesures posturales. Ici on sert une clientèle mixte, mais la proximité du circuit du Polygone à Vincennes draine de plus en plus de routiers, de triathlètes et d'adeptes du gravel. En boutique, uniquement des vélos neufs et plutôt des marques de renom comme Girs ou Factor, mais aussi une enseigne italienne un peu plus confidentielle, mais non dépourvue d'intérêt comme Guerciotti. Mais Latte Lié Vélo, c'est aussi un espace détente où vous pourrez déguster thé ou café, une bière locale et des pâtisseries concoctées maison par Xavier. Les plus gourmands apprécieront les cookies, muffins ou financiers. Rien de mieux pour se retaper à l'issue d'une longue sortie ou le temps d'une pause en bord de Marne.

# Un rendez-vous plein de charme aux petits airs de province

# INFOS PRATIQUES

lattelievelo.eatbu.com

Ouvert depuis le 9 septembre 2020

Lundi et samedi : 9 h à 18 h
8 h 30 à 19 h

Café

Restauration à venir

Spécialité locale : pâtisseries maison

Atelier vélos

Vente de vélos : Guerciotti, NS BIke, Creme, Girs, Factor

Vente d'accessoires

Étude Posturale Morphologics

Parking vélos

Télévision avec retransmission de courses vélo

Organisation de sorties vélo à partir de septembre 2022 (social ride, entraînement, sorties de groupe)

Le parcours de vélo
- Sportif : Charenton-Tigeaux-Charenton
- Loisirs : Promenade des Bords de Marne

# TEMPO - LE REPAIRE CYCLISTE

## CLERMONT-FERRAND

17, rue de la Treille
63000 CLERMONT-FERRAND

contact@tempoclermont.bike

09.82.53.71.75

TEMPO LE REPAIRE CYCLISTE

## Sur la route des volcans

Se rendre au Tempo est un véritable jeu de piste qui vous plonge dans le labyrinthe de ruelles étroites dessinant le centre historique de Clermont-Ferrand. Entre les places de Jaude et des Victoires, ce café-vélo qui donne sur la place de la Treille a su se faire une place de choix au milieu de belles enseignes colorées du centre-ville. Sa devanture lumineuse côtoie celle d'une boutique d'instruments à vent. Julien Devaux, la trentaine, clermontois d'origine a su se faufiler dans ce dédale de rues piétonnes pour promouvoir la bicyclette au cœur de la cité. Ce lieu de partage et d'accompagnement destiné à la communauté cycliste locale, ouvert depuis décembre 2019, est devenu un lieu de référence pour les passionnés de vélos, un repaire de cyclistes selon le souhait de son propriétaire, ancien responsable commercial chez les Cycles Victoire. Dans une boutique mêlant l'arôme d'un café fraîchement moulu et l'univers de la petite reine, l'espace se divise en quatre univers, offrant au lieu une synergie et une atmosphère des plus chaleureuses. Une fois votre vélo en sécurité à l'intérieur ou à l'extérieur (prêts d'antivols), à quelques pas de l'atelier, il ne vous reste qu'à profiter de l'espace café autour d'une grande table, pour échanger, partager, vous informer avec la presse spécialisée, vous divertir avec les retransmissions de courses, bref profiter de cette ambiance vélo en savourant un banana bread. Ici on s'occupe de tous types de vélos, hors VAE, on propose des études posturales, on organise des soirées et assure la promotion de rides comme l'Ultr'Arverne.

# Un repaire pour cyclistes qui veulent pédaler autrement

## INFOS PRATIQUES

www.tempoclermont.bike
Instagram & Facebook :
@tempoclermont.bike

Ouvert depuis décembre 2019

Mardi, mercredi, vendredi : 11 h à 19 h
Jeudi : 14 h à 19 h
Samedi : 10 h à 19 h

Café

Restauration

Spécialités locales (bières, cafés, plats, pâtisseries, recettes maison…)

Atelier vélos

Vente de vélos de marques Bombtrack, Felt, Marin, Superior, Factor, Norco…

Vente d'accessoires de marques Smith, Apidura, Silca, Fizik, Lezyne, Ravito…

Parking vélos

Télévision avec retransmission de courses vélo

Organisation d'événements vélo et sorties

Le parcours de vélo : au départ de la boutique en centre-ville de Clermont-Ferrand, direction la chaîne des Puys pour la plus belle vue sur le Puy-de-Dôme. Différentes variantes possibles en vélo de route, VTT et gravel. Un terrain de jeu infini à quelques tours de roue de la boutique.

MODÈLES
1902
dinobikes

# LE CAFÉ CYCLO B'N BICYCLETTE

## CRÉPY-EN-VALOIS

54 bis, rue Henri Laroche
60800 CRÉPY-EN-VALOIS

contact@bnbicyclette.com

03. 44.39.74.49

B'nBicyclette
l'atelier de Bruno

## Destination Oise

En janvier 2019, Bruno Bonnefoy ouvrait un premier magasin B'nBicyclette à Crépy-en-Valois. Deux ans plus tard, le Cambrésien d'origine inaugurait un deuxième magasin sur 300 m² dans la zone commerciale, intégrant une boutique d'articles pour running et bien d'autres services. À l'intérieur, un Café Cyclo géré par Catherine, et une partie cycles adossée au bar restaurant tenue par Bruno et Lucas. À proximité de l'espace de restauration, on trouve un bel atelier qui accepte tous types de réparations et que l'on peut même privatiser pour bichonner son propre vélo. Autre service peu commun : la B'nBicyclette accepte votre vélo en dépôt-vente.

En boutique, tout l'univers du deux-roues urbain est représenté y compris du motorisé avec des scooters. Après quelques mois d'attente, le Café Cyclo a ouvert ses portes le 1er mars 2021. Au moindre rayon de soleil, profitez de sa terrasse pour déguster les plats goûteux avec des produits locavores issus de la cueillette de Duvy ou simplement prendre un verre entre amis.

B'nBicyclette joue la carte de la convivialité avec ses soirées Lounge le samedi. Côté animations sportives, un dimanche par mois Bruno vous invite à une randonnée au départ du magasin. Pour discuter vélo dans une ambiance des plus chaleureuses, le B'nBicyclette Café Cyclo s'impose comme l'endroit idéal. Voilà une belle idée de sortie pour les cyclistes franciliens !

CAFÉ VÉLO

# Le point ravito des cyclistes et runners

RÉPARATION VÉLOS
CAFÉ-BAR

# INFOS PRATIQUES

- Bruno Bonnefoy
- www.bnbicyclette.com
- Ouvert depuis mars 2021
- Tous les jours jusque 18 h 30 sauf lundi et dimanche
- Café
- Burgers maison
- Bières maison, blondes et ambrées
- Deux ateliers dont un dédié à l'électrique
- Vente de vélos de marques Sunn, Adris, Rock Machine, O2FEEL, Solex, Eovolt, FUJI, Breezer, Colnago…
- Vente d'accessoires
- Parking vélos
- Salle de prise de mesure et rayon running
- Télévision avec retransmission de courses vélo
- Organisation d'événements vélo et sorties, avec les dominicales de B'N BICYCLETTE
- Le parcours de vélo : Les berges de l'Ourcq

Café Vélo
Cantine + Tournevis
HUILE D'OLIVE
VIERGE EXTRA

# LE CAFÉ VÉLO
# GRENOBLE

59, rue Nicolas Chorier
38000 GRENOBLE

grenoble@cafe-velo.fr

09.84.15.23.25

Café Vélo
Cantine + Tournevis

## Cantine et tournevis

Le 2 novembre dernier, on projetait au Café Vélo de Grenoble les images de la Sea To Peak, une épreuve d'ultradistance qui relie la mer d'Iroise aux Alpes. Les animations autour du vélo commencent à se développer dans cet atelier de réparation qui fait figure de point de ralliement pour tous ceux qui veulent discuter vélo, évoquer leur prochain voyage ou tout simplement refaire une beauté à leur biclou. On peut cependant y dénicher de belles occasions ou se faire

monter une belle randonneuse. Contigu à l'atelier et actuellement au stade de rénovation, vous trouverez un restaurant végétarien réputé pour ses tartes aux légumes et délicieux desserts, avec en prime les mercredis et jeudis un bon burger végétarien ! Au Café Vélo tout est réalisé sur place avec des ingrédients locaux et bio. Présence d'un service-bar pour prendre un petit verre ou une bière locale en guise d'apéro. Profitez de l'intimité et de la fraîcheur de l'arrière-cour pour refaire le plein d'énergie avant de vous lancer sur la route des cols de la Chartreuse.

# Calme et fraîcheur de l'arrière-cour

# INFOS PRATIQUES

www.cafe-velo.fr

Ouvert depuis 2014

| | |
|---|---|
| lundi | 9 h 00 – 19 h 00 |
| mardi | 9 h 00 – 21 h 00 |
| mercredi | 9 h 00 – 23 h 00 |
| jeudi | 9 h 00 – 23 h 00 |
| vendredi | 9 h 00 – 23 h 00 |
| samedi | Fermé |
| dimanche | Fermé |

Café

Restauration

Spécialités locales (bières, cafés, plats, pâtisseries, recettes maison…)

Atelier vélos

Vente d'accessoires de vélo

Parking vélos

Expositions, concerts, scènes ouvertes, projections de films, soirées jeux, permanences associatives…

Le parcours de vélo : depuis le Café Vélo, vous rejoindrez facilement les pistes cyclables qui longent les berges du Drac et de l'Isère, et de là, offrez-vous l'ascension des cols de Clémencière, du Coq ou encore la montée vers Montaud ou Proveysieux pour faire le tour du Néron.

CROIX DE FER
GENESIS
KENDA

# VIRAGE SEPT
## L'ARBRESLE

580A, Rue Claude Terrasse
69210 L'ARBRESLE

viragesept@gmail.com

04.87.78.35.83

VIRAGE SEPT
Microbrasserie | Atelier cycle

## Une affaire de spécialistes

Chez Virage 7 sur un fût en chêne, la boîte de rustine joue des coudes avec le pack de bière à l'image des supporters hollandais lors du passage du Tour de France dans le virage 7 de l'Alpe d'Huez. Pour être plus précis, dans cette micro-brasserie atelier inspirée par les lacets de la montée mythique, on crée, on roule, on divertit, on rassemble, on partage l'amour de la bière et du vélo sous le même toit. Si boire de l'alcool et pédaler défient les lois de la performance, chez Virage 7 on vous évitera la sortie de route en vous proposant le service à emporter. Alors, que vous soyez amateur de bières, de bons moments entre amis, d'échappées solitaires, cycliste du dimanche ou de la semaine, ou de canapé, Pascal et François vous proposent au cœur de la petite bourgade de l'Arbresle un univers mêlant cuves de brassage et clés de 13. À proximité de la mythique nationale 7, nos deux compères se feront un plaisir de vous accueillir pour déguster une bière artisanale ou offrir un coup de neuf à votre bicyclette préférée. Ces deux amis d'enfance originaires de la région de Gap, l'un graphiste, l'autre cuisinier puis responsable rayon cycles chez Intersport ont retapé un vieux bâtiment pour y installer d'un côté, l'atelier cycle permettant d'effectuer les réparations, mais également du montage à la carte tout en proposant des accessoires et du textile à la vente, et de l'autre la micro-brasserie et le bar permettant de proposer des dégustations et de la vente à emporter.

Blonde, blanche, ambrée, rousse, noire, pas moins de sept gammes de bières sont ainsi proposées, avec pour chacune la particularité de faire référence au lexique fleuri du jargon cyclisme avec les appellations « la Petite Reine » la « Peat Stop », la « Plaque »…

## Une adresse incontournable en bordure de la Nationale 7

## INFOS PRATIQUES

- Pascal Roux et François Aubert
- www.virage-sept.fr
- Ouvert depuis le 5 juin 2021
- Tous les jours de 10 h à 19 h
- Café
- Restauration : planches apéritives
- Bières brassées sur place
- Atelier vélos
- Vente d'accessoires vélo
- Parking vélos
- Brasserie
- Télévision avec retransmission de courses vélo
- Sortie afterwork
- Sortie gravel, route et VTT

WD-40

# LES MAINS DANS LE GUIDON WAZEMMES

LILLE

166, rue Léon Gambetta
59000 LILLE

bicyclette@lesmainsdansleguidon.fr

03.62.52.94.87

## Les clés du succès

« Ici c'est vous qui bichonnez votre vélo ». Cette inscription positionnée au-dessous de l'enseigne du bistro et de l'atelier vélocipédique Les mains dans le Guidon est une invitation à pousser la porte de cette boutique peu clinquante si l'on s'en tient à la devanture. Une fois à l'intérieur, on découvre une véritable caverne d'Ali Baba avec des pièces d'une époque lointaine qui aujourd'hui retrouvent toute leur utilité pour redonner vie à de nouvelles bicyclettes, mais aussi des pièces et des vélos neufs. Quand en février 2016 Renaud Verhaeghe et Grégoire Séneclauze, anciens bénévoles de l'atelier de réparation associatif « Les jantes du Nord », lancent ce concept de réparation autonome de vélos, ils veulent avant tout partager leur passion de la mécanique vélo. Pour 36 euros par an, ils donnent accès à l'atelier et offrent des conseils sur l'entretien et la mécanique pour réparer ou monter une bicyclette. Dans cet univers de cadres, de pièces détachées et d'outils spécifiques, tout est fait pour entretenir la convivialité et l'entraide. En effet autour d'un café ou d'une bière à la pression, brassée à Lille par la brasserie Le Singe Savant, les conversations vont bon train. Dans des canapés et fauteuils en chambre à air, étudiants, retraités, coursiers, pères de famille, cyclistes du dimanche, velotafeurs, collectionneurs évoquent le vélo sous tous ses angles. Fort de son succès, le tandem nordiste a décidé d'accompagner dans leurs démarches d'autres porteurs de projets similaires. Une nouvelle enseigne, Les mains dans le guidon, tenue par Jean Baptiste, a vu le jour en septembre 2021 au 188 rue du faubourg de Roubaix et courant mai, une deuxième animée par Sébastien a ouvert au 2 avenue Le Notre à Villeneuve d'Ascq.

CAFÉ VÉLO

# Entre le bar et la cabine de peinture

RÉPARATION VÉLOS
CAFÉ-BAR

## INFOS PRATIQUES

- www.lesmainsdansleguidon.fr
- Ouvert depuis le 2 février 2016
- Lundi-Samedi, 10 h à 13 h / 14 h à 19 h
  Fermeture à 21 h le jeudi soir
- Café
- Restauration
- Spécialités locales
- Bières à la pression, brassées à Lille par la brasserie Le Singe Savant
- Atelier vélos : autoréparation et assistance matérielle
- Vente de vélos de marques Yuba, Alpina, Petit-porteur, Omnium…
- Vente d'accessoires (plus de 4000 références !)
- Organisation d'événements vélo et sorties

- Une bibliothèque de selles qui permet de tester les selles pendant 15 jours afin de trouver la bonne selle, parmi plus de 25 selles en tests (Brooks, SMP, ISM, Fizik, Prologo,Selle Italia, Selle Royale, …)
- Une cabine de sablage qui permet de décaper des cadres avant de les repeindre.
- Une cabine de peinture, avec un large choix de couleur et de vernis pour la peinture ;
- Préparation au voyage : conseils sur l'équipement, la préparation, la réparation.
- Montage à la carte

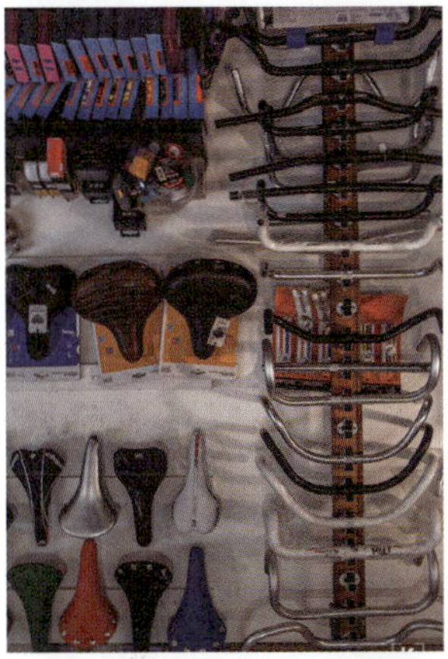

DYNAMO
CANTINE & VÉLO

# DYNAMO CANTINE & VÉLO

LORIENT

62, Avenue de la Perrière
56100 LORIENT

dynamo.lorient@gmail.com

09.84.24.49.05

DYNAMO
Cantine vélo

## Restauration de haut volt !

Tout au bout de la rue il y a le port de pêche et la mer, mais c'est sur terre que Luc le Messin et Élodie la Normande ont décidé de poser leurs valises pour se lancer dans leur belle aventure de café-vélo. Tel un phare, leur dynamo éclaire toute la rue Perrière, une artère qui fait la part belle à la gastronomie avec ses nombreux restaurants, pour guider les passionnés de vélos et les fins gourmets. Il y a trois ans, ce couple de trentenaires parisiens est donc venu jeter l'ancre au bout de cette terre bretonne pour partager la passion de la cuisine et du vélo. Cuisinière et pâtissière de formation, Élodie œuvre derrière les fourneaux. Chez Dynamo, au menu hebdomadaire figurent des plats réalisés avec du local et de saison, accompagnés d'un zeste d'originalité. À l'atelier, Luc se charge de la restauration de bicyclettes d'occasion qu'il propose à la vente. Dans le neuf chez Dynamo on fait dans le néo-rétro avec des petites trouvailles bien élégantes de la marque polonaise Crème.

Côté animations, la terrasse de Dynamo Cantine et Vélo et sa cour intérieure accueillent aussi bon nombre d'événements et manifestations. Au programme des soirées à thème, le voyage à vélo tient une place de choix, avec l'évocation de périples à vélo comme la French Divide, la Sea to Peak, la Gravel to Breizh… Point de ralliement et de départ de randonnées dominicales, la devanture de Dynamo Cantine et Vélo propose une fois par mois le Brunch Dynamo. Pour déguster les yaourts ou le fromage au piment d'Espelette de la laiterie de Kerguillet, il vaut mieux réserver à l'avance, car les deux services sont rapidement pris d'assaut. La rançon du succès en quelque sorte… tout cela sous le regard désintéressé d'Oxmo !

# Ici on voyage aussi dans l'assiette...

# INFOS PRATIQUES

Luc et Élodie

https://dynamo-lorient.jimdofree.com

Ouvert depuis février 2019

Du lundi au vendredi de 10 h à 16 h, ouvertures exceptionnelles un dimanche/mois pour le Brunch Dynamo et pour des événements !

Café

Restauration

Spécialités locales (bière, café, plats, pâtisserie, recettes maison)

Atelier vélos : réparation tous types de vélos

Vente de vélos type Crème Cycles, occasions

Vente d'accessoires

Boutique avec produits maison : cookies, thés, pâtisseries

Parking vélos

Organisation de soirées à thème, sorties gravel épisodiques

Le parcours de vélo : une boucle typée Gravel de 50 km environ autour de Lorient (trace disponible sur Komoot)

DU TOURMALET
Alt. 2115 m

# BIKE AND PY
# LOURDES

16, Esplanade du Paradis
65100 LOURDES

info@bikeandpy.com

05.62.41.44.26

## Le paradis du vélo

Autant bien maîtriser la langue de Shakespeare si vous voulez engager une conversation autour d'une bière au bar de Bike and Py en plein mois de juillet. Cette enseigne de vélo lourdaise qui fêtera son 5e anniversaire en juin était avant Covid le point de chute de nombreux cyclistes anglo-saxons en période estivale, plus particulièrement au moment du passage du Tour de France. Cette boutique de vélo aux allures de maison du vélo des Pyrénées propose une large palette de services dont des séjours et stages à vélo pour la clientèle française, mais aussi étrangère. C'est Patrice Bordères, président de Lourdes VTT, qui est à l'origine du projet avec plusieurs membres de ce Club et des partenaires. À la fois café-boutique, location de vélo, organisateur de séjours et d'événements, Bike & Py est en quelque sorte l'endroit idéal pour s'imprégner de la culture vélo, créé par des passionnés, pour des passionnés. Bike & Py c'est avant tout un concept, un état d'esprit, et un lieu dédié à la pratique du vélo sous toutes ses formes. Que vous soyez cyclosportif à la conquête des cols légendaires des Pyrénées ou vététiste à l'affût du singletrack parfait, vous trouverez chez Bike & Py des personnes avec qui échanger sur votre passion. Véritable lieu de vie et de rencontre, dans cet endroit très bien décoré, vous pourrez venir y boire un café, savourer une bonne bière après votre effort, ou simplement regarder en direct les événements phares dans le monde du cyclisme (Tour de France, Coupe du Monde UCI Mountain Bike…), le tout dans une ambiance conviviale et entre personnes partageant les mêmes valeurs. Jamais à court de nouveaux projets, cette équipe envisagerait des visites guidées à vélo électrique de Lourdes.

# Le panneau du Tourmalet pour vous accueillir

## INFOS PRATIQUES

Patrice Bordères

www.bikeandpy.com

Ouvert depuis janvier 2017

9 h à 19 h lundi-dimanche en saison

Café

Bières : bière du Tourmalet, bière des Pyrénées…

Atelier de réparation classique (non-associatif)

Vente de vélos de marques Colnago, Commencal, Neomouv…

Vente d'accessoires vélo

Location, séjours et stages

Télévision avec retransmission de courses vélo : Tour de France, Vuelta, Giro, Coupe du Monde de VTT UCI Mountain Bike…

Coupe du Monde UCI Mountain Bike de Lourdes, Pyr'Epic. Stages VTT Descente/Enduro, balades en VTTAE, accompagnement en vélo de route…

- En VTT le Bike Park du Pic du Jer à Lourdes avec ses 3 pistes de DH et 2 pistes d'enduro
- En vélo de route : la boucle du Tourmalet pour la Classique (100 km, 2100 m D+), ou bien des routes moins connues, mais tout aussi belles et dures comme la montée au Cirque de Troumouse ou bien encore le Col de Spandelle…
- En gravel : les berges du Gave de Pau.

# CYCLETIC CAFÉ VÉLO
## LYON

250, cours Lafayette
69003 LYON

contact@cycletic.fr

04.87.25.53.30

## Comme à la maison

Cycletic fut créé en 2010 par Valery Delmas dans le but de développer l'usage du vélo électrique dans les entreprises et collectivités locales en leur proposant des services tels que flottes de vélo, vélos en libre-service et bornes de recharge pour vélos électriques.

En 2016, il se tourne vers le marché des particuliers, en développant une activité de location de vélos à destination des touristes qui souhaitaient découvrir Lyon ou randonner le long de la Via-Rhôna, la Voie Bleue ou dans le Beaujolais. Forte de son succès, et plus particulièrement auprès d'une clientèle étrangère, cette initiative lui donna envie de créer un point de départ et d'arrivée plus convivial. D'où l'idée d'ouvrir ce café-vélo en octobre 2020 avec son épouse Corinne, dans le 3e arrondissement de la cité des Gones. Dans la ville des petits bouchons, ce nouveau lieu proposait de la restauration de saveur avec possibilité de déguster des menus sur place ou à emporter. Des plats issus du savoir-faire local. Ainsi chez Cycletic ne figurent sur l'ardoise que des produits locaux et de saison élaborés en collaboration avec un restaurateur lyonnais. De même en boutique, on privilégie les fabricants régionaux pour les produits et accessoires.

Jean Claude et Sylvie ont façonné ce lieu à leur image. Lors de la restauration, ils ont remis en valeur le bâti avec des murs en pierres apparentes qui s'harmonise avec le bois des banquettes, et du reste du mobilier. Des plus cosy, le coin salon invite chacun à la détente, un peu comme à la maison.

L'objectif de ce couple altruiste est que chacun prenne du plaisir à venir dans leur café-vélo, s'y sente bien, y passe un bon moment et ait envie de le faire découvrir.

# Le plaisir de dévorer un bouquin de vélo face au portrait d'André Darrigade

CAFÉ VÉLO

RÉPARATION VÉLOS
CAFÉ-BAR

## INFOS PRATIQUES

- Valery et Corinne Delmas
- www.cycletic.fr
- Ouvert depuis le 22 octobre 2020
- 8 h 30 – 19 h du lundi au samedi
- Café (avec un torréfacteur local) et thé (partenaire qui va directement s'approvisionner dans les plantations), accessoires pour faire son propre café (drippers, filtres, tasses, cups, etc.)
- Déjeuner possible du lundi au vendredi avec un menu variant au gré des saisons
- Spécialités locales (bières, cafés, plats, pâtisseries, recettes maison…)
- Atelier de réparation vélos
- Vente de vélos de marques Peugeot, Gitane, Achielle…
- Vente d'accessoires : tous types de pièces et accessoires pour le vélo, librairie autour du voyage à vélo et du vélo, bagagerie
- Location de vélos et vélos électriques
- Parking vélos : zone de stationnement vélo devant le café vélo
- Découverte de la randonnée à vélo, échange entre pratiquants, etc.
- Circuit découverte de Lyon entre Rhône et Saône

Grimpeurs
CYCLIST HOUSE

# GRIMPEURS CYCLIST HOUSE

LYON

2, rue d'Oran
69001 LYON

arnaud.manzanini@gmail.com

06.87.79.05.47

Grimpeurs
CYCLIST HOUSE

## La maison du cycliste

Pour ceux qui en douteraient, Grimpeurs Cyclist House n'est pas situé du côté de Notting Hill, mais bien en France, plus exactement au cœur de Lyon. Crée il y a deux ans par Arnaud Manzanini et trois associés, à deux coups de pédale des quais de Saône, axe fort emprunté par les cyclistes, ce nouvel espace hype dédié au vélo regroupe en un seul lieu, un café-restaurant, une boutique, un atelier, un service de location de vélos et un sport center. Le grand spécialiste de l'ultra-distance Arnaud Manzanini, fondateur de la Race Across France, a voulu proposer un espace dédié à la culture cycliste dans lequel on peut se restaurer, s'équiper, s'entraîner et échanger. Spacieux, moderne, chaleureux, Grimpeur Cyclist House se positionne comme l'adresse lyonnaise incontournable pour la communauté cycliste, d'autant plus qu'outre les cessions de pédalage indoor, des sorties à vélo (social rides) sont organisées tous les mercredis et dimanches au départ du 2, rue d'Oran. Chez Grimpeurs Cyclist House, on favorise la consommation de produits durables et pérennes, d'où la présence en boutique de marques premium comme Rapha, Café du Cycliste… ou la marque danoise PasNormalStudios. Côté restauration, Sierra concocte petit déjeuner, déjeuner ou goûter à base de produits bio et locaux sur une carte des menus régulièrement renouvelée. Pour vous divertir, possibilité d'assister à des conférences ou bien de passer un après-midi devant la retransmission d'un Milan-San Remo ou Paris-Roubaix. Dans l'espace atelier dernièrement renouvelé Adrien entretient, révise, répare vos bicyclettes et vous propose des vélos Canyon en location. Grimpeurs Cyclist House s'impose donc comme un haut lieu du vélo à Lyon que même les sprinteurs devraient apprécier !

# Une ambiance de galerie d'art…

# INFOS PRATIQUES

Arnaud Manzanini

www.grimpeurs.cc

Ouvert depuis le 2 septembre 2020

7J/7 > du lundi au samedi de 8 h à 19 h
Le dimanche de 8 h à 15 h

Café

Restauration

Spécialités locales (bières, cafés, plats, pâtisseries, recettes maison…)

Atelier vélos

Vente d'accessoires

Boutique avec produits maison tels que des t-shirts, sweats et bidons.

Training vélos connectés

Parking vélos

Télévision avec retransmission de courses vélo

Organisations de sorties et événements.

BASSO
INFO
OTHERS DO GRAVEL WE DO PALTA
PALTA II
DISCOVER ADVENTURE +
ADRENALINE :
OCTOBER 9 14:00 CEST

# AVENUE DU VÉLO
## MAUGUIO

202, rue Saint-Exupéry
34130 MAUGUIO

contact@bmxavenue.com

04.67.73.22.36

AVENŪE DU VELO

## Un p'tit air de Californie

On ne franchit pas le pas de porte de l'Avenue du Vélo par hasard, on y vient avant tout pour s'équiper. Installée depuis 2021 dans la zone commerciale de Mauguio jouxtant la route de la mer, l'enseigne a démarré ses activités en 2018 au Marché du Lez à Montpellier. Le café-vélo était alors davantage mis en avant sur la devanture. Cependant suite au déménagement dans un endroit plus spacieux, les fondateurs Pascal Ujvari et François Vernus n'ont pas pour autant abandonné l'idée originelle de recréer un corner convivial au milieu de leur espace de vente. Dans cet univers de bicyclettes en tous genres, l'équipe d'experts privilégie l'écoute et le conseil autour de la machine à café. Chez ces pluralistes qui tiennent à rester indépendants dans le choix de leurs marques, on retrouve des produits difficiles à dénicher dans les concept-stores ou les grandes surfaces spécialisées. Fervents ambassadeurs de la pratique gravel depuis 2015, les deux Languedociens font la part belle à des modèles de qualité dans des marques pionnières telles que Genesis, Fuji, Breezer... À l'Avenue du Vélo on éprouve aussi un petit faible pour le voyage à vélo, d'où la présence sur les étalages de nombreux équipements pour le bikepacking. Animateurs de plusieurs communautés de cyclistes qui se retrouvent autour du comptoir pour partager leurs expériences ou suivre une course sur le grand écran, Pascal et François projettent d'ouvrir un authentique Café Cycles dans le centre historique de Montpellier. Un nouveau lieu qui ne devrait pas déplaire aux membres du club de fixie de la Nuit Noire ou aux aventuriers du team Original Montpellier Gravel.

CAFÉ VÉLO

# Bientôt un Café Cycle en centre-ville !

RÉPARATION VÉLOS
CAFÉ-BAR

# INFOS PRATIQUES

Pascal Ujvari et François Vernus

www.bmxavenue.com

Ouvert depuis 2021

Du mardi au samedi
de 10 h à 13h et de 14 h à 19h

Café

Atelier vélos : réparation et surtout les montages maison, spécialiste montage roues

Vente de vélos de marques Breezer, Fuji, Genesis, 3T, Open, Girs, Basso, Marin, Felt…

Vente d'accessoires vélo, des sacoches maison par Bumpak

Parking vélos

Animation, boîte de marketing/ communication dans le vélo

Télévision avec retransmission de courses vélo, avant-première de vidéos et animation sur le matériel et les événements.

CAFÉ VÉLO

# CAFÉ VÉLO NEVERS

7, place Mossé
58000 NEVERS

hello@cafevelonevers.fr

07.86.29.96.67

CAFÉ VÉLO
NEVERS

## British tandem

Lorsque vous arrivez du sud par le pont de Loire vous ne pouvez pas manquer le cadre bleu de la devanture qui vous attend juste au bout du pont sur la gauche. Telle une ligne d'arrivée, le Café Vélo de Nevers est une halte, voire une étape pour ceux qui ont passé la journée en selle sur le parcours de la Loire à Vélo ou l'EuroVelo 6. Cette ancienne boulangerie rachetée et restaurée il y deux ans par Anna Mc Queen et Charles Masters, un couple d'Anglais installés en France depuis 25 ans et adeptes du vélo sous toutes ses formes, est devenu un lieu d'échange et de rencontre incontournable de la communauté cycliste nivernaise. Inspirés par leurs sorties en Angleterre, les propriétaires ont souhaité recréer dans le chef-lieu de la Nièvre un espace convivial dans lequel ils accueillent chaleureusement la famille cycliste au sens large, mais pas seulement. Exposée sud, cette belle devanture bleue qui s'ouvre sur une petite terrasse avec vue sur Loire est un lieu de brassage de population. On vient se blottir en hiver sur les banquettes ou lézarder sur la terrasse dès les premiers rayons de soleil autour d'une bière locale, découvrir des recettes britanniques, savourer le meilleur café de la Nièvre, ou bien déguster la spécialité du chef : le pulled pork. À l'étage quatre chambres, dont une suite aménagée en appartement, peuvent accueillir jusqu'à 13 personnes. Voilà donc un point de chute à programmer lors d'un périple au long court d'autant plus que vous pourrez profiter d'une assistance matérielle en cas de besoins de première nécessité.

Point névralgique de l'épreuve la Look Gravel, Anna et Charles ont trouvé les bons ingrédients pour animer la vie cycliste locale. En juillet, on vous propose même de suivre les étapes du Tour de France. Vous êtes autorisés à encourager les coureurs français *of course*...

# L'étape incontournable de la Loire à Vélo

## INFOS PRATIQUES

Anna Mc Queen et Charles Masters

www.cafevelonevers.fr

Ouvert depuis 2020

Du mercredi au dimanche
11 h - 18 h mercredi et jeudi
11 h - 22 h vendredi et samedi,
10 h - 18 h dimanche

Café

Restauration

Hébergement (4 chambres)

Spécialités locales : bière locale, Pouilly Fumé, Sancerre, spécialité maison bagels, large sélection de gâteaux faits maison and the best coffee in town!

Assistance matérielle, petit outillage, pompe, chambres à air…

Atelier vélos : réparation tous types de vélos

Vente d'accessoires de type bidons, rustines, garde-boue, maillots…

Boutique avec produits maison : t-shirts, sweats, tabliers, porte-clés…

Parking vélos

Télévision avec retransmission de courses vélo

Le parcours de vélo : La Loire à Vélo, parcours gravel et route et le circuit des 300 km de la Morvan Gravel qui débute au Café Vélo.

CAFÉ DU CY ISTE
Cote d'

# CAFÉ DU CYCLISTE
## NICE

18, quai des Docks
06000 NICE

thierry.b@cafeducycliste.com

cafeducycliste.com

CAFÉ DU CYCLISTE
NICE

## Bleu azur

Pour la petite histoire, c'est au cours d'une discussion de comptoir entre Rémi Clermont et André Stewart dans un café traditionnel niché dans les collines surplombant la Côte d'Azur qu'est né il y a plus de dix ans Café du Cycliste. Tout d'abord installée dans un café à Château de Grasse, l'enseigne s'est installée sur le vieux port de Nice en 2015. Offrant bien plus qu'une ligne de vêtements premium, le concept store est devenu une véritable plaque tournante pour la communauté cycliste locale et étrangère. Cet espace unique de 300 m$^2$ a été conçu comme un point de ralliement tant pour les cyclistes locaux que pour ceux qui font le pèlerinage à vélo vers ce temple alpin du sport. On peut même y croiser quelques champions. Des excursions et des événements réguliers sont organisés et permettent de rencontrer des cyclistes partageant les mêmes idées et la même passion. Les sommets de l'arrière-pays et les baies romantiques des Alpes-Maritimes servent à la fois d'inspiration et de cadre à la boutique, véritable show-room abritant une collection complète de vêtements cyclistes haut de gamme. Dans cette ancienne galerie d'art, au milieu des collections, quelques tables et un bar où l'on sert rafraîchissements et café torréfié localement. Sur place, pour découvrir la côte ou les cols environnants, possibilité de louer des vélos haut de gamme Cervelo. Cependant, pour accomplir le rallye bikepacking Torino Nice organisé en septembre par Café du Cycliste, il est préférable d'apporter son propre vélo.

CAFÉ VÉLO

# Un bon petit remontant avant de grimper le Turini

RÉPARATION VÉLOS
CAFÉ-BAR

# INFOS PRATIQUES

Thierry Baudier

cafeducycliste.com

Lundi : 8 h 30 - 14 h 00
Mardi : 8 h 30 - 18 h 00
Mercredi : 8 h 30 - 18 h 00
Jeudi : 8 h 30 - 18 h 00
Vendredi : 8 h 30 - 18 h 00
Samedi : 8 h 30 - 18 h 00
Dimanche : 8 h 30 - 14 h 00

Café

Atelier vélos : réparation tous types de vélos

Boutique avec produits maison : vêtements, accessoires

Parking vélos

Location de vélos

Télévision avec retransmission de courses vélo

Conférences, diffusion de films thématiques, workshop... Organisation de sorties pour débutants et cyclistes confirmés au printemps et en été.

Le parcours de vélo : des itinéraires route et gravel sont proposés sur des cartes mises à disposition, fichiers GPX téléchargeables gratuitement.

ARGONAUT

# THE SERVICE COURSE
## NICE

1, rue de l'Ancien Sénat
06300 NICE

nice@theservicecourse.cc

04.93.92.09.76

THE SERVICE COURSE

## La tournée des champions

Crée en 2016 à Gérone en Espagne par l'ancien cycliste professionnel canadien Christian Meier et sa femme Amber, The Service Course a pour ambition de créer des expériences uniques aussi bien sur le vélo qu'en dehors. Inspiré de l'univers de la compétition, ce lieu de rassemblement pour cyclistes de haut niveau expatriés dans cette région du nord-est de l'Espagne est devenu un endroit très tendance et prisé de la communauté cycliste. Dans ce café boutique, on retrouve la passion pour le beau matériel, les parcours de légende, et la volonté de transmettre la culture du cyclisme. Après Gérone, Oslo, Wilmslow, une quatrième boutique The Service Course a vu le jour à Nice au printemps 2021. Situé à 50 mètres de la Promenade des Anglais dans une ancienne maroquinerie dans le pittoresque vieux Nice, The Service Course est une affaire de famille dans la gestion puisqu'aux commandes on trouve Christèle Roche et pour l'accompagnement vélo, son frère Alexis. Toute une brochette de grands noms du peloton pro, comme Simon Gerrans, le nouveau PDG de The Service Course, la championne polonaise Kasia Niewiadoma, Romain Bardet, Nicolas Roche, Edvald Boasson Hagen, Esteban Chaves, Sam Bewley, George Bennett et Mike Woods, ont apporté leur contribution. Agencée toute en longueur, la boutique ouvre sur le bar et une petite terrasse qui attire les grands connaisseurs de café puisqu'ici Marie, la barista, vous sert du café Mana torréfié à Aix-en-Provence, supposé être l'un des meilleurs de la ville ! Possibilité de prendre un brunch, de louer des vélos et de découvrir les superbes tenues siglées The Service Course. Pour découvrir l'arrière-pays, Alexis Roche vous conduit tous les dimanches sur les routes de l'arrière-pays. Voici donc une belle adresse qui respire la détente et la convivialité.

# En terrasse avec Mark Webber ou Tadej Pogacar

## INFOS PRATIQUES

Christèle Roche

https://theservicecourse.cc/nice

Ouvert depuis le 13 mars 2021

Lundi-Dimanche : 8 h 30 - 17 h 00

Café (à consommer sur place ou sachets à emporter)

Restauration brunch, toasts, sandwichs...

Assistance matérielle

Atelier vélos, lavage, petites réparations

Vente de vélos (Argonaut, Bastion Belle, Curve, Isen, Legor, Mosaic, Open, Speedvagen)

Vente d'accessoires

Boutique avec produits maison : (The Service Course Vêtements)

Parking vélos

Services (sorties accompagnées, location de vélos de route et gravel)

Télévision avec retransmission de courses vélo

- Organisation d'événements vélo, de conférences, de réunions... (Tours et des événements spéciaux pour vivre le meilleur du cyclisme ; París-Nice, Tour de France, ascensions emblématiques... invités de renom)
- Organisation de sorties vélo (sorties du dimanche à 8 h 30)

Le parcours de vélo : une petite sélection de balades à vélo emblématiques www.komoot.com/collection/1538332/-the-service-coursenice-sunday-salidas-%252B-iconic-col

Café & Cycles
Pyrénées Cycles
Vente
Réparation

# PYRÉNÉES CYCLES
## OLORON

6, avenue du 19 mars 1962
64400 OLORON-SAINTE-MARIE

pyreneescycles@gmail.com

05.24.35.15.13

Pyrénées Cycles

## En route vers la Pierre Saint-Martin

C'est l'histoire de deux copains Pascal et Mika qui se sont rencontrés il y a quelques années dans un centre associatif, l'un était éducateur et l'autre gérait la partie administrative. C'est cette générosité naturelle et la passion commune pour le vélo sous toutes ses formes qui ont conduit les deux natifs d'Oloron-Sainte-Marie à se lancer dans l'aventure de Pyrénées Cycles. L'idée du concept café-vélo prit forme suite à un voyage de Pascal à Boulder au Colorado. Technicien cycles, celui-ci est bénévole auprès du FCO, le club local. Quant à Mika, moniteur VTT diplômé d'État, il est entraîneur au club local de sports nature OÔBSN. Compte tenu de leur forte implication dans la vie cycliste locale, il était donc logique que Pascal et Mika ouvrent une boutique de vélo dans laquelle ils pouvaient mettre leur sens du partage, leur expertise et leur passion au service de la communauté cycliste locale. Dans leur vaste open space situé à la sortie de la ville à environ 15 km du pied du col de la Pierre Saint-Martin, l'atelier cohabite avec l'espace-bar dans une atmosphère vintage des plus cosy. Au mur sont accrochés des maillots et vélos de la belle époque fournis par les collectionneurs du coin, Pierre Izambert, Bruno Lavergne ou Émile Arbes, qu'il n'est pas rare de croiser au bar. Ainsi un vieux Flandria, un Mercier et un Bianchi des années 1940 surplombent les nouvelles gammes Bianchi. Après trois ans d'existence, cet endroit a trouvé son rythme de croisière. Si vous passez dans le coin, laissez-vous tenter par les « Rendez-vous Café Cycles ». Ces randonnées découvertes qui débutent par un petit café sont organisées deux fois par semaine et vous emmènent à la découverte du Piémont pyrénéen.

# un lieu cyclosocial en terre béarnaise

## INFOS PRATIQUES

- Pascal et Mika
- www.pyreneescycles.com
- Ouvert depuis août 2019
- Du lundi au samedi 9 h - 19 h
- Café
- Spécialités locales (bières, cafés, plats, pâtisseries, recettes maison…)
- Atelier vélos
- Vente de vélos de marques Bianchi, Time, Merida, Peugeot, Kona, Gitane…
- Vente d'accessoires
- Boutique avec produits maison : Ligne de vêtements cyclistes et sportwear, goodies
- Parking vélos
- Télévision avec retransmission de courses vélo
- Organisations de sorties et de soirées diverses
- Parcours : le col de la Pierre Saint-Martin

&
LES
BÉCANES
D'ANTOINE
VÉLO & ESPRESSO

# LES BÉCANES D'ANTOINE
## PANTIN

15 Mail Hélène Brion
93500 PANTIN

www.facebook.com/
lesbecanesdantoine/about

01.41.71.76.44

LES BÉCANES D'ANTOINE
VÉLO & ESPRESSO

## Vélo, expresso, pieds dans l'eau

Nous ne sommes pas sur les docks de Londres, mais bien sur ceux du canal de l'Ourcq à Pantin dans un quartier en pleine expansion. C'est ici qu'en 2017 Antoine Gastelier s'est lancé dans la grande aventure du café-vélo après un parcours des plus atypiques. Ce designer industriel de formation, spécialisé dans la scénographie événementielle, cycliste urbain comme il se définit, a suivi une formation de technicien cycle, de barista et obtenu un permis d'exploitation de licence 3 pour ouvrir la boutique et l'atelier-bar les Bécanes d'Antoine, un lieu qu'il a agencé lui-même. Dans cet univers de verre et de béton, l'endroit a du cachet. Le canal amène un brin de poésie, péniches et bicyclettes cohabitent à merveille et les Bécanes d'Antoine voient débarquer marins d'eau douce et cyclistes... mais aussi les flâneurs franciliens. Dans cet espace lumineux de 80 m$^2$, une boutique avec accessoires, pièces détachées, vélos neufs et d'occasion, traditionnels, et électriques. Aujourd'hui en vélos neufs on propose la marque de VAE O2Feel.

La plupart de l'activité tourne autour des réparations, un service géré de main de maître par Franck assisté de Laurine, une boulimique de kilomètres au guidon de son vélo Léon gravel. Pendant que l'on bichonne votre fidèle destrier, vous pouvez profiter d'un vrai café torréfié à Saint-Denis par la maison Esperanza Café et admirer une réplique de la Faema 1961. Cette Rolls des machines à café acquise grâce à une campagne de crowfunding est l'une des pièces maîtresses de l'univers convivial et chaleureux imaginé par Antoine Gastelier. Côté animation, Antoine a accueilli les présentations de produits de Cyfac et Osymetric et le départ de certaines Classic Challenge. En prévision, un déménagement à proximité le long du canal, dans des locaux plus spacieux pour héberger davantage de bécanes et bien plus encore.

# À proximité de la piste du canal de l'Ourcq et de l'EuroVélo 3

# INFOS PRATIQUES

Antoine Gastelier

Ouvert depuis novembre 2017

mardi, mercredi, vendredi, samedi
10 h à 19 h

Café

Restauration : sucré

Spécialités locales (bières, cafés, plats, pâtisseries, recettes maison…)

Atelier vélos

Vente de vélos : occasion et neuf traditionnel et électrique O2 Feel

Vente d'accessoires

Interventions en entreprise

Parking vélos

Télévision avec retransmission de courses vélo

Conférences OSYMERIC/ CYFAC, sorties Gravel Classic Challenge…

Le parcours de vélo : Eurovelo 3, le canal de l'Ourcq

CAFÉ
ÇA REDÉMARRE
ATELIER
PARIS

# ÇA REDÉMARRE
## PARIS


99, rue de Charonne
75011 PARIS

atelier@caredemarre.com

06.59.97.36.30


## Au rendez-vous de la bonne humeur

Pendant la Vuelta on vous sert des plats catalans. Il se dit que pendant le prochain Tour de France, la carte du menu pourrait proposer des spécialités régionales en fonction des étapes… Dans le triangle Bastille Nation Père-Lachaise, Ça Redémarre et son lot de bicyclettes animent avec un certain entrain les trottoirs de la rue de Charonne. Ce projet est l'œuvre de deux compagnons de route, Alexis et Daniel, qui lors d'un ParisBerlin en pignon fixe organisé par Paris Chill Racing visitent à l'arrivée plusieurs cafés-vélos. Conquis par ce concept, ils ouvrent en novembre 2018 Ça redémarre. Casquette à visière relevée, Daniel, aujourd'hui seul gérant, vous attend avec le sourire en compagnie de Eva et Maud dans leur 65 m$^2$ situé au rez-de-chaussée d'un immeuble aux balcons fleuris. Deux grandes baies vitrées, l'une ouvrant sur la boutique, l'autre sur la zone restauration, mettent l'établissement en évidence. Les éclairages intégrés dans 3 suspensions graphiques en fil métallique évoquant la silhouette d'un vélo sont du plus bel effet. Dans un décor industriel, le mobilier sur mesure est réalisé en bois de récupération. En rayons, on trouve de l'équipement de première nécessité comme la bagagerie Ortlieb, l'éclairage Sigma, la mini pompe Blakburn ou bien des vestes imperméables réfléchissantes. En vitrine, on expose les vélos de ville neufs ou d'occasion. En retrait, un vélo cargo artisanal côtoie un gravel Breezer. À l'atelier on répare et restaure… beaucoup de vieux biclous en ce moment!

Mais Ça redémarre c'est aussi une cuisine simple, variée, craquante comme son velouté de potiron. C'est aussi ses nocturnes du jeudi soir jusqu'à 22 heures, belle halte sur le retour du bureau pour savourer de magnifiques planches et des bières locales BAPBAP et planifier la Sunday ride des 17 tournants en vallée de Chevreuse.

CAFÉ VÉLO

# Sympathique espace de coworking

RÉPARATION VÉLOS CAFÉ-BAR

# INFOS PRATIQUES

Daniel

http://caredemarre.com

Ouvert depuis novembre 2018

mardi, mercredi, vendredi : 8 h 30 – 19 h 30
jeudi : 11 h – 22 h
samedi : 9 h 30 – 19 h 30
dimanche : 11 h – 17 h

Café de l'Atelier Torréfaction de Bastille

Restauration

Spécialités locales (bières, cafés, plats, pâtisseries, recettes maison…)

Bière locale BAPBAP, rhum maison…

Atelier vélos

Vente de vélos d'occasion ou neufs (Fuji, Breezer)

Vente d'accessoires

Parking vélos

Télévision avec retransmission de courses vélo

Organisations de dégustations de bières, de rencontres et de conférences, de sorties vélo le samedi et les Sunday Rides en vallée de Chevreuse, Ride Chill route ou gravel.

KMO
OPEN

# KMO - KILOMÈTRE 0
# PARIS

20, rue des Acacias
75017 PARIS

contact@km0.paris

01.40.54.67.40

KMO
KILOMÈTRE ZÉRO

## La boutique chic

Fondée en 2016 par Guillaume de la Hosseraye, cette boutique chic située à quelques minutes de la place de l'Étoile et de l'anneau de Longchamp est le rendez-vous des cyclistes branchés de la capitale. Dans un espace de 470 m$^2$ répartis sur deux étages, ce concept store est orienté haut de gamme en termes de produits et de prestations. Agencé en showroom, on s'y sent à l'aise pour découvrir les dernières nouveautés de vélo de ville, route, gravel, ebikes et les superbes collections de tenues cyclistes dont un très beau rayon femmes. À l'étage, un training center équipé de vélos Wahoo vous permettra de garder le rythme en pédalant virtuellement en groupe sur la plateforme Swift. Un poste d'analyse posturale vous aidera à trouver la position optimale sur votre vélo. L'aspect convivial n'est pas pour autant négligé puisqu'il n'est pas rare de retrouver autour de l'excellente machine à café le cycliste du quartier et le bike packer d'un Londres-Paris. Éric, gérant de l'enseigne, adepte des voyages au long cours avec quatre Transcontinentale Race à son compteur, saura même lui proposer une réconfortante douche ! Dans ce lieu où l'on cause et on expose, la marque Dilecta est venue présenter dernièrement sa nouvelle gamme, la Race Across France son prochain itinéraire, Jérôme Sorrel son ouvrage sur le velotaf et l'ex-directeur des rédactions de *l'Équipe* Claude Droussent dédicacer son dernier ouvrage sur les parcours Strava. Enfin s'il n'a pas été victime de son succès, n'hésitez pas à goûter le gâteau au chocolat banane préparé par Guillaume.

# Allez plus loin dans l'échange avec le club cycliste KM0

# INFOS PRATIQUES

Guillaume de la Hosseraye

www.km0.paris

Ouvert depuis juin 2016

9 h 00 – 19 h 00 du mardi au samedi

Café

Atelier vélos sur rendez-vous, tous types de vélos

Vente de vélos de marques Brompton, Moustache, Colnago, Cannondale, Look, Assos…

Vente d'accessoires

Boutique avec produits maison : bonneterie, maillots

Parking vélos

Centre de training, coaching, études posturales

Télévision avec retransmission de courses vélo

Lancements de produits, séances dédicaces, présentation d'événements, organisation de sorties vélo avec le club KM0

Le parcours de vélo : une virée sur les routes tranquilles du Vexin

LPC CYCLING CLUB
SOCIAL 1: 30-50KM, 19KM/HR
VERSAILLES 2/4 8H
45KM
SOCIAL 2: 50-60 KM, 21 KM/HR
CHATEAU 2/4 8H
CHAMPS-SUR-MARNE
64KM
ENDURANCE: 60-85KM, 25KM/HR
DAMPIERRE 2/4 8H
85KM
DT SWISS

# PELOTON CAFÉ
## PARIS

17, rue du Pont Louis-Philippe
75004 PARIS

www.bikeabouttours.com

06.18.80.84.92

le Peloton
CAFÉ

### Saveur anglo-saxonne

Situé au cœur du vieux Paris historique, entre l'île Saint-Louis et la place des Vosges, ce café minimaliste récemment relooké fut lancé par Christian et Paul, les fondateurs de Bike About Tours. Cette agence spécialisée dans l'organisation de visites guidées à vélo dans Paris et Versailles en a fait son bureau. Dans cette rue passante du 4e arrondissement, pas de grosse enseigne sur la devanture. Seul, un long rack chargé de vélos devant l'entrée indique la présence de ce café aux allures de bistro parisien et nous donne une indication sur l'affluence du moment. Sur le trottoir, un couple de cyclistes australiens expatriés déguste son café crème sur les tabourets jaune pétant. À l'intérieur, des cyclistes, mais aussi des voisins descendus prendre leur petit déjeuner. Au Peloton Café, on entre par la gauche dans un espace assez exigu, accueilli avec le sourire par Danièle et Christian, la casquette visière relevée. Derrière le comptoir on vous sert du bon café de la Brûlerie de Belleville, mais aussi du sucré avec croissants, brownies, cookies et gaufres. Comme au cœur d'un peloton, à certaines heures de la journée, il faut jouer des coudes pour atteindre les quelques tables derrière l'espace-bar. Excellente occasion pour pratiquer son anglais. Pour le parfaire, pourquoi ne pas vous joindre aux groupes du Peloton Cycling Club, tout de Rapha vêtu qui partent effectuer la boucle de la Marne ou une virée en Chevreuse. Si vous êtes juste de passage, on peut même vous louer un beau vélo Canyon en aluminium pour les accompagner. Au retour, vous vous laisserez bien tenter par un bocal de granola composé de citron, d'avoine toastée et d'amandes colorées de la Mère Mimosa. Comme un petit souvenir de Paris pour votre prochain petit déjeuner. So British !

CAFÉ VÉLO

# Jouer des coudes dans un peloton anglophone

RÉPARATION VÉLOS CAFÉ-BAR

## INFOS PRATIQUES

Danièle et Christian

www.bikeabouttours.com

Du mardi au samedi
9 h 00 – 19 h 00

Café Belleville

Restauration sucrée

Boutique avec produits maison : porte-monnaie, casquettes, coffee bags de Belleville

Parking vélos

Location vélos

Visites guidées de Paris et Versailles, sorties vélo avec le Peloton Cycling Club

CYCLEWEAR
steel
PARIS
COFFEESHOP

# STEEL CYCLEWEAR & COFFEE SHOP

PARIS

58, rue de la Fontaine au Roi
75011 PARIS

store@steelcyclewear.com

06.47.58.32.46

CYCLEWEAR steel PARIS COFFEESHOP

## Les pionniers parisiens

Crée par Marc Schmitt, *Steel* est à l'origine un magazine lifestyle sur le thème du vélo qui met en avant le style et la culture cyclistes. Le vélo, le style, le plaisir, baseline du magazine est devenu le mantra sur lequel ce grand amateur d'art et de mode s'appuiera pour lancer en mai 2015 le premier café cycliste parisien du même nom, Steel Cyclewear and Coffeeshop. Ce concept-store propose une sélection de produits haut de gamme de marques internationales et d'accessoires spécialisés pour donner style, satisfaction et plaisir au cycliste citadin. On y trouve notamment en exclusivité les collections Rapha mais aussi le vélo gravel Topstone Cannondale ou les vélos de ville Brompton. Lieu de rendez-vous pour tous, lieu de passage pour cyclistes passionnés, et lieu de destination pour amateurs de produits d'exception, Steel est un lieu unique où tout le monde se mêle et échange sur sa passion. L'événement Nature is Bike d'Angers y est venu faire son lancement parisien, Gravel Up y organise ses social rides parisiennes. En terrasse ou à l'intérieur, on peut déguster un café torréfié à proximité par la maison Ten Belles, accompagné de cakes, de brownies, de petits pains à la cannelle avec vue privilégiée sur les dernières collections. Vous pouvez aussi savourer une bière de la microbrasserie locale BAPBAP devant la retransmission des Routes Blanches et chaleureusement accueillis par Marc, Dorian et Julien. Ils forment une équipe éclectique et polyvalente, aussi bien à l'aise dans le rôle de barista que celui de technicien produit. Outre la gamme d'équipement lifestyle labellisée Steel, arborant leur credo « Alors, ça roule ? » devraient prochainement apparaître en vitrine des kits cadre gravel haut de gamme made in Paris !

CAFÉ VÉLO

# Un autre regard sur le vélo

RÉPARATION VÉLOS
CAFÉ-BAR

# INFOS PRATIQUES

- Marc Schmitt
- www.steelcyclewear.com
- Ouvert depuis mai 2015
- Du lundi au samedi de 10 h à 19 h
- Café
- Restauration sucrée
- Bière locale BAPBAP
- Vente de vélos de marques : Cannondale, Brompton
- Boutique avec produits maison : bidons, sweatshirts…
- Location de vélos gravel
- Télévision avec retransmission de courses vélo
- Organisation d'événements : présentation de Nature is Bike

# STORM CYCLING CLUB
## PARIS

27 bis, rue du Cardinal Lemoine
75005 PARIS

info@stormcyclingclub.com

01.71.76.31.83

storm
CYCLING CLUB

## Un abri rive gauche

Les cadres-photos de cimes de montagne dans la brume, accrochés sur le mur en béton ciré au-dessus de confortables canapés orange donnent le ton : on est bien mieux à pédaler au chaud! Eh bien c'est justement ce que propose Storm Cycling Club avec son sporting center installé dans le 5e arrondissement au cœur de Paris. Dans cet espace de 150 $m^2$ ouvrant sur la rue et dont la devanture laisse entrevoir un espace-bar à l'intérieur, on vient ici pour suer seul ou en groupe. Des vélos de course connectés avec le système Swift vous permettent de parfaire votre condition pour mieux affronter les parcours aux reliefs tourmentés et la tempête. Lorsqu'il pleut sur l'anneau de Vincennes ou Longchamp ou que votre temps est compté, chez Storm, on vous reçoit chaleureusement et on vous accompagne dans l'effort. À l'origine de ce concept, deux frères Hugo et Lucas. Avec seize vélos à disposition, on est plus proche de la grosse échappée que du peloton. Un nombre suffisant cependant pour faire du travail de qualité et préserver une certaine convivialité. D'autant plus qu'après l'effort, l'espace détente vous attend avec du bon café, thé, tartines et gourmandises. À signaler que ce mini « club house » est ouvert à tout le monde, et accueille ceux qui veulent venir regarder Paris-Roubaix un dimanche après-midi.

Storm, c'est aussi une boutique de produits haut de gamme qui permet de nous faire découvrir la marque de textile australienne ATTAQUER mais aussi des accessoires comme les lunettes, de la nutrition ou des cosmétiques.

Service rare et très pratique pour être mentionné, la Bike Shower. Le temps de prendre un café, on refait une beauté à votre monture. Votre voisin ne devrait plus vous regarder de travers avec votre vélo dans l'ascenseur…

CAFÉ VÉLO

# Après l'orage, vélo à la douche

RÉPARATION VÉLOS CAFÉ-BAR

# INFOS PRATIQUES

Hugo et Lucas

www.stormcyclingclub.com

Ouvert depuis le 27 octobre 2020

De 8 h à 20 h

Cafés et thés

Tartines et autres gourmandises

Atelier vélos

Vente d'accessoires & textile

Boutique avec produits maison :
T-shirt / Pull casual du club

Training Center / Bike shower

Sorties et events :
- Challenge ZWIFT
- Vernissage divers
- Conférences à venir
- Ouverture pour les classiques flandriennes
- Accueil & retours de rides

Le parcours de vélo :
En plein cœur de Paris, les alentours de la boutique ne sont pas les plus agréables pour « rouler », mais les quais de Seine sont toujours sympas au printemps ou à l'été !
L'idéal pour une sortie vallonnée : direction la vallée de Chevreuse pour profiter des routes un peu plus calmes de la campagne parisienne.

# LA CYCLERIE CAFÉ
## POITIERS

60 bis, boulevard Pont Achard
86000 POITIERS

lacycleriecafe@gmail.com

05.49.88.13.25

## Le ravito poitevin

Comme un symbole du juste retour de la bicyclette dans l'univers urbain aux dépens de la voiture, La Cyclerie Café est installée dans les locaux d'un ancien garage automobile qu'avait repris un marchand de vélo jusqu'à sa retraite. Très haut de plafond avec une façade entièrement vitrée, une impression de volume se dégage de cet espace tendance rétrovintage. Issu d'une famille de cyclistes, Philippe Trochon a touché à toutes les disciplines du vélo. Il a même pris part à la French Divide, épreuve reine du bikepacking. Après avoir occupé plusieurs postes de commercial pour des enseignes de vélo, le voici de retour dans sa ville natale avec ce concept de café-vélo découvert en Angleterre durant son adolescence. Philippe considère le vélo comme un outil indispensable au bien être de chacun et un acteur de l'économie globale. Ainsi, bien loin des rayons tout bien rangés, de produits soigneusement étiquetés, notre Poitevin met en avant l'humain et ses besoins. Idéalement située sur le boulevard du pont Achard entre la gare et le parc de Blossac, La Cyclerie Café propose une partie Mecano (atelier) avec un service d'entretien-réparation et un service de vente avec des vélos neufs complets ou en montage à la carte, quelle que soit la pratique. Côté Ravito, la restauration s'articule autour de produits issus du terroir poitevin : cola local réalisé par la brasserie de Montmorillon, nouvelle bière blanche des environs, tomates farcies de la Ferme Bidaud. Et que dire du savoureux parmentier de canard…
Prolongation en soirée avec des animations autour de thématiques comme le vélo bien sûr, mais aussi la musique, l'artisanat et les dégustations.

CAFÉ VÉLO

# Check Point n° 2 de la Sea to Peak 2021

RÉPARATION VÉLOS
CAFÉ-BAR

# INFOS PRATIQUES

Philippe Trochon

www.la-cyclerie-cafe.com

Ouvert depuis octobre 2017

Lundi 14 h 00 -18 h 30
Mercredi à samedi 10 h 00 -18 h 30

Café

Restauration

Spécialités locales : Produits locaux à 100 % (locavore et circuit court)

Atelier vélos : montage à la carte, restauration de vieux vélos

Vente de vélos de marques Kona, Cannondale, Time, Sobre, Breezer, Granville, Fuji, Niner, Rocky Mountain, Yeti, All City, Bombtrack, Cinelli

Vente d'accessoires

Parking vélos

Télévision avec retransmission de courses vélo

Organisations d'événements vélo, conférences sur le voyage à vélo, réunions des associations locales ayant en lien la mobilité, l'écologie et le voyage. Organisation de sorties vélo : sorties entraînement VTT tous les mardis soir avec le club Vélo Sauvage Poitevin, sortie gravel « DEJANTEES » groupe féminin, sortie bikepacking l'été.

# CAFÉ CITRON
# RENNES

52, rue d'Antrain
35700 RENNES

hello@velocitron.fr

02.21.67.15.07

CITRON
CAFÉ VÉLO-CRÊPERIE

## À la bonne franquette

Deux semaines après l'ouverture de leur café-vélo, la crêperie n'a pas survécu à la première vague de Covid. Mais pour abattre un Breton, il en fallait beaucoup plus ! Avec le petit coup de pouce de la prime de l'État et l'engouement pour la pratique du vélo qui s'en est suivie, l'enseigne Café Citron a pu se refaire une santé. Tant mieux, car les efforts d'Azad et Maxime, qui avaient investi dans la rénovation d'un ancien restaurant dans la rue semi-piétonne d'Antrain commencent à porter leurs fruits. C'est en arpentant pendant quelques années sur son fixie les rues de Londres et la découverte des coffee bike shops qu'Azad eut l'idée une fois de retour en France de reproduire ce concept dans sa Bretagne natale. Aujourd'hui l'activité est surtout centrée sur la restauration, la vente de vieux vélos avec un service de réparation sans rendez-vous. Ainsi vélos urbains d'étudiants et de vélotaf, VTC, vélos enfants, vélos vintage dénichés sur le bon coin passent entre les mains de Maxime pendant que son frère Azad propose un café « fair trade » torréfié en Bretagne, bière, cookies ou plancha avec la presse et une connexion internet pour patienter. En période estivale, il n'est pas rare de croiser devant la devanture au style victorien des vélos cargos et des randonneuses profitant de ce lieu chaleureux pour faire une pause sur l'itinéraire de la côte à vélo. En collaboration avec un groupe Facebook, deux fois par mois sont organisées des sorties gravel dans les forêts alentour ou sur les chemins de halage. Une belle terrasse devrait voir le jour avant l'été prochain pour profiter du soleil breton. On l'attend avec impatience !

# Dans la pure lignée des coffee bike shops londoniens

## INFOS PRATIQUES

- Azad et Maxime
- www.velocitron.fr
- Ouvert depuis mars 2020
- Du mardi au samedi de 9 h à 19 h
- Cafés et citronnades
- Restauration : cookies et planches
- Atelier vélos : réparation tous types de vélos
- Vente de vélos, occasions
- Vente d'accessoires
- Boutique avec produits maison : cookies, thés, pâtisseries
- Parking vélos
- wifi gratuit, presse
- Organisation de sorties vélo : sorties gravel, Rennes Saint-Malo
- Le parcours de vélo : Rennes Saint-Malo par le canal

Ouverture Café ~ Ravito
du mardi au samedi de 9h à 21h
Service Atelier Vélo
du mardi au samedi de 9h à 19h

# TA GRAND-MÈRE À VÉLO

RENNES

82 mail François Mitterrand
35000 RENNES

hello@tagrandmereavelo.com

02 99 67 43 90/06 76 92 26 69

TA GRAND MÈRE À VÉLO

ATELIER / CAFÉ

## Tout un art !

Si vous passez à Rennes, on ne saurait trop vous conseiller d'aller prendre une infusion de bonne humeur chez Ta Grand Mère à Vélo. À deux coups de pédale du quai de la Prévalaye, voici un véritable lieu de vie tenu par des épicuriens de la petite reine, destiné à accueillir les passionnés de vélo, mais aussi tous ceux qui recherchent une ambiance décontractée et sympa. À l'origine de ce projet, trois entrepreneurs. Damien Goualou chef de projet au service vélo du réseau de transport Keolis tombé sous le charme du café vélo « Look Mum No Hands » à Londres, Tristan Bescond ancien technicien cycle dans le réseau Cyclable et Fabien Leduc fondateur et gérant de l'agence de voyages à vélo Abicyclette. Tous trois se sont inspirés de leurs visites dans des cafés-vélos à l'étranger pour lancer avec audace au mois d'août 2021 Ta Grand-mère à Vélo. Dans son grand atelier, Tristan propose un service express pour toutes les petites réparations. Pour des interventions plus complexes, on vous conseille de réserver. Côté restauration, ici on sert à toute heure du petit déjeuner à l'heure de l'apéro. Dans l'assiette ou au bar, on privilégie le goût et les circuits courts. Pour le café on s'approvisionne chez le torréfacteur local Bourbon d'Arsel, chez le caviste du coin pour les vins bio et auprès de brasseurs bretons pour les bières. En cuisine, Damien et Anthony allient gastronomie et simplicité. Ta Grand-mère à Vélo est aussi une invitation au rêve, à l'évasion avec sa librairie et sa cartographie en libre consultation. Un service de consigne, de douches et de recharge pour les VAE réconfortera les nomades à vélo. La communauté cycliste appréciera la diffusion d'événements cyclistes ou de conférences autour du voyage à vélo sur le grand écran. Générosité, créativité, disponibilité et attention, voici une adresse qui cultive l'art d'être grand-mère !

# Les sorties du samedi pour découvrir la Bretagne

## INFOS PRATIQUES

Fabien Leduc

www.tagrandmereavelo.com

Ouvert depuis le 5 août 2021

Du mardi au samedi de 9 h 30 à 20 h

Café

Restauration

Bière Sainte-Colombe (35), café torréfié à Rennes (préparation personnalisée), sandwichs et salades de saison faites maison et à la demande. Muffin et cookie rennais.

Atelier sur le lieu avec 3 mécaniciens, un atelier mobile, pompe à disposition

Vente d'accessoires : antivols, sonnettes, Poupoupidou, éclairages, kit et outil de réparation, les basiques de la sécurité et de la réparation.

Boutique : tee-shirt, eco-cup, bidons…

Parking à l'intérieur et extérieur du lieu

Casiers, douches, vente de tickets de transport en commun, librairie voyage et vélo

Télévision : retransmission de courses vélo

- Conférences sur le voyage à vélo
- Ateliers Carnet de voyage, fabrication de carnet maison
- Sortie vélo hebdomadaire Route et Gravel
- 4 parcours, débutant à expert, 40 à 120 km

Les parcours de vélo
- Pour un ride accessible, caractéristique des alentours de Rennes : petites routes bucoliques à la découverte de la Bretagne Romantique et des bords du Canal d'Ille et Rance (www.strava.com/routes)
- Pour un ride sportif mixant Route et Gravel, dans un esprit « Paris-Roubaix », où les sections pavées sont remplacées par des chemins blancs (www.strava.com/routes)
- Pour un ride expert, vallonné et exigeant, on part au sud entre les vallées de la Vilaine et du Semnon (www.strava.com/routes)

# LA BICICLETA RAVITO
## SOUILLAC

25, avenue de Sarlat
46200 SOUILLAC

contact@labicicletaravito.com

06.83.73.12.96

LA BICICLETA ravito

## L'Auberge occitane

Au cœur de la vallée de la Dordogne, aux confins des causses du Quercy et du Périgord, au pays du foie gras et de la truffe, la Bicicleta Ravito est un lieu inédit à la croisée des routes et des chemins, une sorte d'auberge espagnole qui propose hébergement, ravitaillement, restauration, équipement, atelier… et pléthore d'autres services. Dans cette ancienne bâtisse ayant servi pour la fabrication de foie gras et immortalisée par Robert Doisneau, les fondateurs de la Bicicleta Ravito, (bicicleta est la traduction en occitan de bicyclette) Céline Dayes, Romuald Marie créateurs de la marque d'équipements cyclistes Ravito, Céline Colette et Marc Pivaudan natifs de la région, forment une équipe de passionnés dont le projet est d'accueillir tous profils de cyclistes, mais aussi de créer du lien social autour de l'art de vivre le vélo. Ce lieu convivial avec ses ateliers et son jardin en bord de rivière, ouvert sur la culture, abrite une boutique d'accessoires et d'habillements cyclistes, une boutique de produits locaux, et propose des sorties vélo pour s'entraîner, pour découvrir la région à travers des tours gastronomiques, œnologiques et touristiques. En matière de balades exotiques, laissez-vous tenter par les Bicicleta Camps qui vous feront explorer les causses alentour en ralliant des cabanes perchées. Pour les adeptes du voyage à vélo, ou simples touristes, Bicicleta Ravito dispose de 3 chambres d'hôtes et d'un dortoir de 8 personnes façon refuge de montagne. La qualité de l'accueil et la nature des prestations pourraient bien transformer votre halte en un pur séjour découverte. Pour les plus pressés, cette découverte aura probablement un petit goût de revenez-y !

# L'art de vivre le vélo dans toute sa splendeur

## INFOS PRATIQUES

- Céline Dayes, Romuald Marie, Céline Colette et Marc Pivaudan
- www.labicicletaravito.com
- Ouvert depuis décembre 2020
- Ouvert du 1er mai au 30 septembre pour le café-bar-restaurant. Toute l'année pour la Maison d'Hôtes.
- De 9 h à 22 h
- Café
- Restauration
- Spécialités locales (bières, cafés, plats, pâtisseries, recettes maison)
- Hébergement : 15 couchages répartis dans 3 chambres d'hôtes et un dortoir
- Atelier vélos : mise à disposition d'un pied de vélo et du matériel de réparation et assistance matérielle
- Vente d'accessoires
- Boutique avec produits maison : produits locaux des producteurs artisanaux (confitures, truites, tartinades de légumes, jus barres énergétiques…)
- Parking vélos
- Télévision avec retransmission de courses vélo
- Organisation d'expositions autour du vélo. Expositions de photographes et d'illustrateurs vélo… Organisation de sorties vélo : sorties gravel, routes.
- Parcours de vélo : découverte de la campagne lotoise par la vallée de la Dordogne en direction Rocamadour puis par le causse de Martel

MAVIC
cannondale
cannondale
cannondale

# BASECAMP TALLOIRES
## TALLOIRES-MONTMIN

21, rue Noblemaire
74290 TALLOIORES-MONTMIN

Allo@base-camp.bike

04.50.64.50.57 // 07.85.65.18.14

bASECAMP

### L'étape du Lac

En bordure du lac d'Annecy, dans un décor de carte postale, ce centre de location de vélos saisonnier fondé en 2017 par Adam Holder et un ancien cycliste écossais Ross Muir est avant tout un repère pour les cyclistes étrangers. Un service de réservation en ligne leur donne accès à toute une flotte de vélos de route high tech, VTC ou électriques pour effectuer les 40 km du tour du lac ou découvrir les grands cols environnants. Dans une vieille bâtisse au cœur d'un village typique savoyard, le service restauration n'est pas en reste pour autant. Du breakfast au dîner, avant ou après une longue chevauchée en montagne, voilà une bonne adresse pour faire le plein d'énergie. Le sympathique bar donnant sur la terrasse extérieure vous invite à une dégustation de différents cafés dont certains torréfiés localement et un rafraîchissement avec la bière du Mont-Blanc. Tom, le nouveau manager, nous annonce qu'ils furent l'un des premiers à la servir. bASECAMP est donc un point de chute réconfortant que sauront apprécier autant les familles qui randonnent à la demi-journée autour du lac que les cyclos chasseurs de cols.

CAFÉ VÉLO

## Traces GPS pour vous guider vers les plus beaux cols

RÉPARATION VÉLOS
CAFÉ-BAR

# INFOS PRATIQUES

Adam Holder et Ross Muir

www.base-camp.bike

Ouvert depuis mars 2017

8 h -14 h de mars à mai
8 h -18 h en saison avec soirées
2-3 fois par semaine en pleine saison.

Café : Brésil et bio du moment

Restauration pour vegan/végétarien, sans gluten, sans lactose

Spécialités locales (bières, cafés, plats, pâtisseries, recettes maison…)

Boutique avec produits maison : vêtements, Jersey custom

Location vélos, animation

La résistance gravel, tours accompagnés par le jeune athlète sponsorisé Basile Allard.

Le parcours de vélo : Le Tour du Lac, montée de Glières de la Colombière

Good Time Good Friends
COLD BEER
LUCKY'S BAR
VAR
LA PINCE
À VELO

# LA PINCE À VÉLO
## TELOCHÉ

30 ter, rue du 8 mai
72220 TELOCHÉ

lapinceavelo@gmail.com

06.62.39.96.10

LA PINCE À VÉLO

## Le bistro rural

Lorsqu'il pousse la porte du café-vélo Kitchen Kustoms d'Orléans, Olivier est sous le charme. Il avoue que ce joyeux mélange de vélos, dans un lieu aussi convivial avec ce côté bistro a été pour lui autant un coup de foudre qu'une révélation. Dès lors, cet ancien coureur amateur 2e caté sur route qui est en train de suivre une formation de technicien vélo au CNPC d'Orléans, après 20 ans passés aux services techniques du circuit du Mans, connaît déjà sa reconversion, il ouvrira un café-vélo ! Il embarque son épouse Laure dans cette aventure, en ouvrant en mai 2018, dans la petite bourgade de Teloché au sud du Mans, la Pince à Vélo. Il agence ainsi l'ancien local d'école de conduite, en atelier, épicerie et bistro. Fort de ses compétences de mécano, Olivier répare tous types de vélos y compris les plus vintage, commercialise la marque Méral et propose des vélos d'occasion. Dans ce bazar rétro savamment orchestré et modulable, la partie épicerie ravira autant le touriste en quête de saveurs locales que la clientèle villageoise. Sur les étals : miel local, bières brassées à Laigné-en-Belin ou Écommoy, vin du sud de la Sarthe, apéritifs ou pâtés sarthois, cafés issus de l'agriculture raisonnée ou encore pour les plus gourmands des tablettes de chocolat de L'artisan Gourmand de Laigné-en-Belin. Dans ce village de 3 000 âmes, la Pince à Vélo entretient le lien social avec des soirées éclectiques animées par des concerts, pièces de théâtre, ou récits de voyages. De la p'tite mamie de retour de la boulangerie au cycliste professionnel sarthois lors de sa pause-café, la Pince à Vélo s'est affirmée comme un sympathique et chaleureux lieu de brassage. Élu talent de la Sarthe en 2021 !

CAFÉ VÉLO

# La pince à vélo pour éviter un tatouage de chaîne

RÉPARATION VÉLOS CAFÉ-BAR

# INFOS PRATIQUES

- Olivier et Laure
- www.lapinceavelo.eatbu.com
  Présent également sur Facebook et Instagram
- Ouvert depuis mai 2018
- Du mardi au samedi de 9 h à 19 h
- Café
- Restauration
- Spécialités locales (bières, cafés, plats, pâtisseries, recettes maison…)
- Atelier vélos pour tous types de cycles, montage à la carte
- Vente de vélos de marques : MÉRAL (cycle d'artisan), VAE STARWAY, cycle ARCADE, cycle CINELLI)
- Vente d'accessoires
- Boutique avec produits maison : épicerie de produits locaux, bio
- Parking vélos
- Télévision avec retransmission de courses vélo
- Organisation d'événements vélo
- Le parcours de vélo : l'exploration de la forêt de Bercé

# LA MAISON DU VÉLO
## TOULOUSE

12, bd Bonrepos
31000 TOULOUSE

contact@maisonduvelotoulouse.com

05.34.40.64.72

MAISON DU VÉLO
Toulouse – Occitanie

## La petite reine rose

Créée en 2008 et portée par les valeurs de l'économie sociale et solidaire, la Maison du Vélo est une association dont l'objet est de promouvoir et de développer une pratique régulière de la bicyclette. Elle considère ce mode de déplacement comme une solution efficace, durable, économique et saine. Pour mener à bien cette mission, l'association met en œuvre un éventail de services, dont la location de vélos, l'accueil et le conseil, la réparation sur devis, l'atelier vélo participatif, la vélo-école... et même un super restaurant, le tout juste en face de la Gare Matabiau !
Cette association qui compte plus de 2 200 membres emploie 24 salariés. Un nombre justifié par le nombre de services rendus aux usagers de la bicyclette. On vous conseille l'atelier participatif qui permet aux membres de profiter de l'outillage et des conseils des mécanos pour entretenir et réparer son vélo. Encore plus convivial, les apéros bricol' au cours desquels des mécaniciens vous apprennent pendant une paire d'heures les opérations de maintenance et comment être plus autonome avec votre vélo, le tout dans une ambiance des plus chaleureuses. Des webinaires sur différents thèmes sont également accessibles. Autres prestations appréciées, la location de vélos, l'essai de vélos cargos, et la vente de vélos d'occasion. Et pour ceux qui ne savent pas monter à vélo ou ne sont pas à l'aise, la Maison du Vélo dispense aussi des cours. Ce haut lieu du vélo toulousain héberge le Vélo Sentimental, un bon petit resto baignant dans l'univers du vélo. Sous l'ombre d'un tilleul, il vous permet de découvrir une cuisine traditionnelle aux douces saveurs, préparée à base de produits frais et qui varie selon l'humeur et les saisons. Dans la pure tradition de la ville rose !

CAFÉ VÉLO

# Dans une ancienne maison éclusière du canal du midi

RÉPARATION VÉLOS
CAFÉ-BAR

# INFOS PRATIQUES

www.maisonduvelotoulouse.com

Ouvert depuis 2008

Accueil : du mardi au samedi 10 h - 12 h et 13 h - 18 h 30 (+ lundi d'avril à octobre).
Restaurant Le Vélo Sentimental : lundi et mardi de 9 h - 16 h 30, du mercredi au vendredi 9 h - 22 h 30, samedi 9 h - 16 h

Café

Restauration

Spécialités locales (bières, cafés, plats, pâtisseries, recettes maison…) bières et limonades d'Ariège, parmentier de coin coin, tarte au citron meringuée…

Atelier vélos : réparation sur devis ou atelier participatif les mercredis, vendredis et samedis après-midi.

Vente de vélos d'occasion

Vente d'accessoires

Librairie autour du vélo

Assistance matérielle : pompe à air à disposition…

Apéro bricol' tous les mois (2 h sur une thématique mécanique), projections régulières, conférences et webinaires, expositions, balades…

Des conseillers et conseillères mobilité peuvent orienter les visiteurs sur de nombreuses balades dans et autour de Toulouse, mais s'il ne fallait en choisir qu'une : empruntez la voie verte sur le Canal du Midi jusqu'au Port de l'embouchure, rejoignez la coulée verte des Amidonniers et longez les quais de Garonne en traversant la vieille ville puis empruntez les ruelles des quartiers Carmes et Saint-Étienne pour rejoindre le Grand Rond. Finir la boucle par le Canal du Midi.

unitedbicycles

# UNITED CYCLES
## VILLENEUVE-LES-BOULOC

4, rue Pythagore
31620 VILLENEUVE-LÈS-BOULOC

unitedbicycles31@gmail.com

05 61 09 71 95

unitedbicycles

## Saturday ride fever !

Sylvain et Christian ont fondé United Cycles il y a quatre ans. Le premier est un ancien coureur première catégorie originaire de l'Aveyron qui a terminé sa carrière sous les couleurs du club de Saint-Alban, le second (Chris pour les intimes), un talentueux mécanicien amoureux de belles pièces. Ces deux compères se sont côtoyés au magasin Culture Vélo de Blagnac avant de se lancer dans cette belle aventure. Installés au bord du canal latéral qui relie Bordeaux à Sète, leur slogan c'est vendre le bon vélo à la bonne personne. Leur magasin ne se résume d'ailleurs pas qu'à la vente puisque, dès la porte franchie, un canapé en velours vert anglais et une machine à café vous mettent dans les meilleures dispositions pour découvrir ce lieu chaleureux. L'idée de créer un « corner » convivial leur vient d'une boutique Rapha visitée lors d'un séjour à Londres. Ici en banlieue nord de Toulouse, on se fait une fierté et un plaisir d'accueillir le cyclotouriste sportif, mais pas seulement, car l'enseigne United Cycles sous-entend que l'on traite tous les types de vélos et leur propriétaire sur le même pied d'égalité. Dans leur quotidien, notre tandem est épaulé par Helena, une jeune cycliste baroudeuse italienne qui a déjà parcouru deux tours du monde. Adepte du vélo taf elle n'hésite pas à effectuer ses 50 km aller-retour quotidiens pour rejoindre la boutique.

Une énergie bien débordante pour ce trio de passionnés qui côté animations n'est pas en reste avec les coffee rides du week-end, ou les cours gratuits d'entretien du vélo. Pour les lève-tôt, ne manquez surtout pas les « Saturday ride fever » du samedi où en fin de sortie on trinque à la Velosophe ou la Minute blonde.

CAFÉ VÉLO

# Halte salutaire pour les bike-packers du canal latéral de la Garonne

RÉPARATION VÉLOS CAFÉ-BAR

## INFOS PRATIQUES

Sylvain et Christian

www.facebook.com/UnitedBicycles

Ouvert depuis 2018

Mardi au vendredi : 10 h à 19 h
Samedi : 10 h à 18 h

Café

Restauration, bières, produits diététiques cyclistes

Assistance matérielle

Atelier vélos réparation tous types de vélos

Vente de vélos de marques Bianchi, Cannondale, Génésis, GT, Merida, Haibike, Winora…

Vente d'accessoires

Boutique avec produits maison : tenue vélos, mugs…

Parking vélos

Douches à disposition

Télévision avec retransmission de courses vélo

Sorties le week-end sur route ou en gravel, ateliers vélos…

Le parcours de vélo : tous les parcours avec de l'herbe au milieu de la route et des chevreuils sur les bas-côtés !

# PONYO CAFÉ VÉLO
## VILLEURBANNE

21, rue de Bruxelles
69100 VILLEURBANNE

contact@ponyocafevelo.fr

04.78.89.85.68

## Une triplette de petites reines

Aux commandes de ce tout nouveau café-vélo, trois jeunes dynamiques entrepreneuses accompagnées de leur mascotte Ponyo. Une triplette qui prône un monde plus solidaire, une société plus résiliente et une ville durable et souhaite apporter une touche de féminisme dans l'univers des cafés-vélos. Après une campagne de crowdfounding particulièrement fructueuse, le Ponyo ouvrait ses portes en mai dernier. Entre Charpennes et la Doua, à côté du parc de la Tête d'Or et de la grande voie verte qui relie Lyon à Miribel Jonage, ce grand local de 90 m² avec un jardin arboré de 300 m² attenant est parfaitement bien situé. Dans ce nouvel espace en pleine évolution, les trois aventurières ont pour ambition de transmettre les valeurs du vélo qui leur sont chères : liberté, autonomie, sobriété. En barmaid, Eve, 31 ans, architecte de formation, velotafeuse, cyclobaroudeuse et illustratrice. À l'atelier Loli, 26 ans, mécanicienne pédagogue et féministe engagée. Titulaire d'un master en « études sur le genre dans le sport » et d'un certificat de qualification professionnelle cycles, elle adore redonner vie aux vieux biclous. Quant à la carte des menus 100 % végétarienne, elle est assurée par Zoé, titulaire d'un master de droit international, une cyclobaroudeuse qui à 29 ans a bouclé un tour de France et un tour d'Europe à vélo. Dans ce lieu d'échange et de détente, ouvert à tout le monde y compris à nos amis les bêtes, vous profiterez du café à volonté, de bonnes bières locales, de la limonade dans le jardin, de l'atelier d'autoréparation avec les conseils de Loli ou d'un service de réparation minute pendant que vous découvrirez la bibliothèque militante sous la véranda. On vous offre même la possibilité de regarder le Tour de France féminin, mais pas que…

# Terrain de pétanque au cœur d'une oasis de verdure

# INFOS PRATIQUES

ponyocafevelo.fr

Ouvert depuis le 24 mai 2022

Du mardi au samedi de 12 h à minuit,
Du lundi au dimanche de 8 h 30 à 19 h 30

Café

Petite restauration

Spécialités locales (bières, cafés, plats, pâtisseries, recettes maison…)

Atelier vélos (réparation minute, réparation classique et autoréparation accompagnée)

Vente de pièces détachées, neuves et occasion

Parking vélos

Station lavage vélo

À venir :
- Concerts, projections en plein air
- Sessions de formation à la mécanique
- Sorties vélos en groupe

Télévision avec retransmission de courses vélo

- Organisation d'événements vélo, de conférences, de réunions, mises en avant d'événements en mixité choisie
- Organisation de sorties vélo accompagnées

Le parcours de vélo : emprunter la voie verte qui longe le campus de la Doua, faire le tour du parc de Miribel-Jonage, passer par le parc de la Tête d'Or au retour, avant de venir boire un verre chez nous, sur la route du retour le soir

# Postface

Ce premier guide des cafés-vélos n'aurait pas vu le jour sans la précieuse collaboration des propriétaires fondateurs de chaque établissement que je tiens à remercier ici chaleureusement. Certains ont surmonté douloureusement les restrictions sanitaires imposées par les premières vagues de Covid, une bonne dizaine d'entre eux n'y a malheureusement pas survécu, et ceci en dépit des mesures gouvernementales en faveur de la pratique du vélo. Passionnés, jeunes entrepreneurs, entrepreneuses, la plupart ont mûri leur projet au guidon de leur bicyclette lors de voyages initiatiques ou de social rides, fruit du travail des endorphines, cette « hormone du bonheur » sécrétée pendant l'effort. À l'image d'un vélo artisanal sur mesure, chaque établissement possède une âme. Simple étape ou destination du parcours d'une vie, la quarantaine de lieux figurant dans ce guide répond à ce besoin de simplicité, d'authenticité, d'échange, de sobriété et de respect de notre environnement qu'incarne la pratique de la bicyclette.

Comme pour un nouveau parcours, n'hésitez donc pas à en enfourcher votre vélo pour partir à la découverte de ces sympathiques enseignes. Carte en main, vous pouvez même tracer votre propre tour de France des cafés-vélos. Dans tous les cas, vos impressions seront les bienvenues pour alimenter la deuxième édition de ce guide. Bonne route !

C'est lors d'un de ses voyages que l'auteur, Yves Blanc, découvrit en 1996 son premier café-vélo, la Maison des Cyclistes à Montréal. Quelques années plus tard, il regardait une étape du Tour de France au comptoir du Rapha CC à San Francisco. Une visite au Look Mum no Hands à Londres, et plus récemment au café Pyrénées Cycles d'Oloron firent germer l'idée de ce guide. Il se définit aujourd'hui comme un plaisancier du vélo, un épicurien de la petite reine, ravi du retour triomphant du vélo dans notre société.

# Crédits Photos

**AGEN** Café Vélo - 12 - Crédit Agen Café Vélo
**ANNECY** Le Bon Wagon 16 Crédit le Bon Wagon
**BÉDOUIN** Camp de base Ventoux 20 Crédit Camp de Base Ventoux
**BIARRITZ** Veloff 24 Crédit Veloff
**BORDEAUX** Musette Bicyles and Coffee 28 Crédit Musette Bicycle and Coffee
**BREST** Raleigh Brest // Les Grignottes 32 Crédit Raleigh Brest
**CHARENTON-LE-PONT** Laté Lié Vélo 36 Crédit Laté Lié Vélo
**CLERMONT-FERRAND** Tempo - Le Repaire Cycliste 40 Crédit Tempo
**CRÉPY-EN-VALOIS** Le Café Cyclo B'N Bicyclette 44 Crédit B'N Bicyclette
**GRENOBLE** Le Café Vélo 48 Crédit le Café Vélo
**L'ARBRES** Le Virage Sept 52 Crédit L'Arbresle
**LILLE** Les mains dans le guidon Wazemmes 56
Crédit Guilhem Fouques/Christophe Duclaux/Laurent Sanson
**LORIENT** Dynamo Cantine & Vélo 60 Crédit Dynamo Cantine
**LOURDES** Bike and Py 64 Crédit Bike and Py
**LYON** Cycletic Café Vélo 68 Crédit Cycletic
**LYON** Grimpeurs Cyclist House 72 Crédit Cyclist House
**MONTPELLIER** Avenue du Vélo Mauguio 76 Crédit Avenue du Vélo
**NEVERS** Café Vélo 80 Crédit Café Vélo
**NICE** Café du cycliste 84 Crédit Café du Cycliste
**NICE** The Service Course 88 Crédit Service Course
**OLORON** Pyrénées Cycles 92 Crédit Pyrénées Cycles / Yves Blanc
**PANTIN** Les bécanes d'Antoine 96 Crédit Les bécanes d'Antoine
**PARIS** Ça redémarre 100 Crédit Ça redémarre / Yves Blanc
**PARIS** KM0 - Kilomètre 0 104 Crédit KM 0 / Yves Blanc
**PARIS** Peloton Café 108 Crédit Yves Blanc
**PARIS** Steel Cyclewear & Coffee Shop 112 Crédit Pierre Blondel / Yves Blanc
**PARIS** Storm Cycling Club 116 Crédit Storm
**POITIERS** La Cyclerie Café 120 Crédit La Cyclerie/Antoine Paillard
**RENNES** Café Citron 124 Crédit Café Citron
**RENNES** Ta Grand-mère à vélo 128 Crédit Ta Grand-Mère à Vélo
**SOUILLAC** la Bicicleta Ravito 132 Crédit la Bicicleta
**TALLOIRES** Basecamp Talloires 136 Crédit Basecamp Talloire
**TELOCHÉ** La Pince à Vélo 140 Crédit La Pince à Vélo
**TOULOUSE** La Maison du Vélo et le vélo sentimental 144 Crédit Gilles Crampes/Maison du Vélo
**VILLENEUVE-LÈS-BOULOC** United Cycles 148 Crédit United Cycles
**VILLEURBANNE** Ponyo Café Vélo 152 Crédit Ponyo Café Vélo/ Laure Hemmer
Collection personnelle Yves Blanc / DR 157
Shutterstock 158/159

Achevé d'imprimer en septembre 2022 par Finidr en République Tchèque

RÉPARATION ET ENTRETIEN
DEPUIS
1980
TOUS TYPES DE VÉLOS
Cuisine Authentique
CAFÉ - RESTAURATION
Produits du Terroir
BICYCLES
BISTRO-CYCLE
TOUS TYPES DE VÉLO
RÉPARATION, ENTRETIEN ET RESTAURATION
EST
86
Original
EST.
1980